Draußen wohnen

Draußen wohnen

40 Projekte für den Garten

Clare Matthews
Fotos von Clive Nichols

KOSMOS

Für 'Die Girls': Judith, Linzi, Surita, Kate, Louise und Liz

Aus dem Englischen übersetzt von Dr. Folko Kullmann

Titel der Originalausgabe: Easy Outdoor Living
erschienen bei Hamlyn
a division of Octopus Publishing Group Ltd,
2–4 Heron Quays, London E14 4JP unter ISBN 978-0-60061-521-7

Mit 380 Farbfotos und 3 Illustrationen

Umschlaggestaltung von Atelier Reichert, Stuttgart unter Verwendung von einem Bild von Friedrich Strauß, Au/Hallertau (unten links) und fünf Fotos von Clive Nichols.

Bibliografische Information der Deutschen Nationalbibliothek:
Die Deutsche Nationalbibliothek verzeichnet diese Publikation in der Deutschen Nationalbibliografie; detaillierte bibliografische Daten sind im Internet über http://dnb.ddb.Deutschland abrufbar

1. Auflage

ISBN 978-3-440-11028-7
Projektmanagement: Dr. Folko Kullmann, Stuttgart
Lektorat: Carolin Krank, Lindau
Produktion: DOPPELPUNKT GbR, Stuttgart

Printed in China/Imprimé en Chine

Alle Angaben sind in diesem Buch sorgfältig geprüft und geben den neuesten Wissensstand bei der Veröffentlichung wieder. Da sich das Wissen aber laufend in rascher Folge weiterentwickelt und vergrößert, muss jeder Anwender prüfen, ob die Angaben nicht durch neuere Erkenntnisse überholt sind. dazu muss er zum Beispiel Beipackzettel zu Dünge-, Pflanzenschutz- bzw. Pflanzenpflegemittel lesen und genau befolgen sowie Gebrauchsanweisungen und Gesetze beachten.

Inhalt

Draußen wohnen

Für viele Menschen ist der Garten eine Erweiterung des Wohnraums und soll so angelegt sein, dass alle Aktivitäten nahtlos von drinnen nach draußen verlegt werden können. Die meisten verbinden den Garten mit den angenehmen Dingen des Lebens: Entspannung, Erholung und Kraftschöpfen.
Nur wenige möchten in ihrer Freizeit stundenlang im Garten arbeiten, sondern wünschen sich ein pflegeleichtes Paradies, voll mit üppig wachsenden, unkomplizierten Pflanzen und vielleicht noch ein paar Kräutern. Kurz: ein Garten der alles ermöglicht, was wir uns wünschen – entspannen, spielen, unterhalten, grillen, essen, Feste feiern und Zeit mit der Familie verbringen. Dieses Buch ist keine Anleitung zur Umgestaltung Ihres Gartens, sondern soll Sie animieren, den Garten mit schönen, stilvollen, ungewöhnlichen und praktischen Dingen auszustatten, die das Wohnen im Freien erleichtern. In einfachen Schritt-für-Schritt-Anleitungen zeigen wir Ihnen, wie Sie Ihren Garten innovativ, kreativ, einfach und genial aufwerten können. So kann man die Zeit im Garten noch besser genießen. Jedes Kapitel wartet mit einer Fülle von kleinen, aber feinen Ideen auf, die den Garten zu etwas ganz Besonderem machen.

Zusätzlich zu den Materialien, die bei den einzelnen Projekten aufgezählt werden, brauchen Sie je nach Projekt noch folgende Hilfsmittel:

Allgemeines
Bleistifte, Stifte, Filzstifte
Lineal
Schere
Maßband
Schwamm
weiches Tuch
Karton
Schnur
Nadeln
Streichhölzer oder Feuerzeug
Teller, Münzen etc. als Schablonen
Schraubendreher
Wasserwaage
Blechschere
Sandpapier
Farbe

Garten-Projekte
Spaten
Handschaufel
Gießkanne
Rasenkantenstecher
Drahtschneider
Schlauch oder Seil

Näh-Projekte
Nähmaschine
Nähnadeln
Stecknadeln
Stoffschere

DIY-Projekte
Bohrer und verschiedene Bits
Handsäge
Stichsäge
Hammer
Gummihammer
große Nägel

Essen im Freien

Jeder Garten braucht einen Platz, damit man draußen – al fresco – essen kann: eine gepflasterte Terrasse oder ein Holzdeck mit ein paar einfachen Stühlen und einem Tisch. Die Größe ist abhängig von der Anzahl der Familienmitglieder, der zur Verfügung stehenden Fläche und dem Budget. Darüber hinaus gibt es eine Vielzahl von Möglichkeiten, Essen im Freien einfach, angenehm und bequem zu machen. Wenn Sie genug Platz haben, könnten Sie auch zwei unterschiedliche Essplätze einrichten. Neben einer großen, formalen Sitzgelegenheit auf der Terrasse könnte man in einem versteckten Gartenteil eine Ecke einrichten, in der man eher locker picknicken kann. Sie werden viel häufiger draußen im Garten essen, wenn alles, was man dazu braucht, vor Ort greifbar ist und nicht umständlich aus der Wohnung herausgetragen werden muss. Verwenden Sie unempfindliche, stabile Gartenmöbel und sparen Sie sich aufwändige, opulente Tischdekorationen für besondere Gelegenheiten auf. Egal ob es ein schneller Mittags-Snack, ein romantisches Dinner für zwei oder eine stilvolles Essen für zehn sein soll – der Garten ist der ideale Raum!

Sari-Zelt

Über eine einfache und schnell aufgebaute Zeltkonstruktion drapiert, markiert ein üppig dekorierter Sari-Stoff einen außergewöhnlichen, intimen Essplatz. Das Sari-Zelt bietet Schatten, Wind- und Sichtschutz und eine dekadent-opulente Rückzugsmöglichkeit vom Alltag. Statt des Sari-Tuchs kann man auch einen anderen farbenprächtigen Stoff verwenden.

Schwierigkeitsgrad 1

Zeitbedarf 2 Stunden

Sie brauchen:

- 4 Rundholzstäbe, 1 m
- 2 Rundholzstäbe, 2 m
- silberne Sprühfarbe
- Nylonschnur, etwa 18 m
- 6 Zelt-Heringe
- 1 Sari oder 1 Stoffbahn 6 m x 1,20 m
- 6 Vorhangclipse

1 Markieren Sie bei jedem Holzstab eine Stelle 18 cm vom Ende entfernt und bohren Sie dort mit der Bohrmaschine ein Loch von 4 mm Durchmesser.

2 Die sechs Stäbe mit silberner Sprühfarbe ansprühen und trocknen lassen.

3 Bohren Sie die beiden längeren Stäbe in den Boden, und zwar soweit voneinander entfernt, wie der Sari-Stoff lang ist. Dann ziehen Sie die Nylonschnur durch die Löcher und vernoten Sie an beiden Seiten, damit die Schnur zwischen den Stäben gespannt ist. Die losen Enden der Schnur werden wie bei einem Zelt gespannt und mit Zelt-Heringen im Boden befestigt.

4 Wiederholen Sie diesen Schritt mit den beiden kürzeren Stabpaaren, die so aufgestellt werden, dass die Stoffbahn gerade den Boden berührt.

5 Die Dachkonstruktion muss ganz stabil sein. Spannen Sie dazu die Halteseile und befestigen Sie deren Enden am Boden mit Zelt-Heringen.

6 Zum Schluss wird der Sari über der Zeltkonstruktion drapiert. Wenn alles passt, können Sie den Sari an den Nylonschnüren mit einfachen Vorhangclipsen befestigen.

Schwierigkeitsgrad 1

Zeitbedarf 2 Stunden

Sie brauchen:

1 Weinkiste aus Holz
4 m Hanfseil, 25 mm Durchmesser
etwa 1 m Stoff
Kreppband
Polsternägel mit Messingkopf
Geschirr und Besteck etc.
3 kleine Terrakotta-Töpfe
Gummiband, 1,5 cm breit

Picknick-Box

Mit karierten Leinen ausgeschlagen und mit allem ausgestattet, was man für ein Picknick im Freien braucht, macht diese robuste Picknick-Box ein Essen im Garten zum Genuss. Wir haben Teller, Schüsseln, Besteck, Servietten, Duftkerzen, Gläser, Salz- und Pfefferstreuer, einen Korkenzieher und eine Flasche Wein eingepackt. Alles wird mit elastischen Bändern befestigt. Dieser Reisekorb ist auch ideal für den Strandausflug oder ein Picknick auf dem Land.

1 Man beginnt mit den Haltegriffen. Mit einem 25-mm-Bit-Bohrer bohrt man an den Ecken auf jeder Seite der Kiste ein Loch. Ziehen Sie ein Stück Seil durch die Löcher und verknoten Sie das Ende, damit es fixiert bleibt. Die Enden dürfen ruhig ausfransen!

2 Als Nächstes wird die Kiste mit dem Stoff ausgeschlagen. Schlagen Sie den Stoff etwa 6 cm über die Kanten und legen Sie den Saum um, damit es schöner aussieht. Mit Klebeband befestigt man den Stoff provisorisch, solange man daran arbeitet.

3 Wenn Sie mit dem Ergebnis zufrieden sind, schlagen Sie Polsternägel in gleichmäßigen Abständen in den umgeschlagenen Saum.

4 Jetzt arrangiert man alle Gegenstände, die man mit der Picknick-Kiste transportieren möchte, bis alles genau passt und das Gewicht gleichmäßig verteilt ist. Dann lässt sich der Korb viel besser tragen. Falten Sie ein Gummiband einmal um, tackern Sie es am Holz fest und schlagen sie es um den zu fixierenden Gegenstand. Jetzt wird das zweite Ende abgeschnitten, umgefaltet und ebenfalls festgetackert.

5 Terrakotta-Töpfchen eignen sich gut zur Aufbewahrung von losen Dingen, wie Besteck oder Servietten.

6 Teller und Schüsseln fixiert man am besten mit über Kreuz angebrachten Gummibändern auf dem Boden der Kiste. Jetzt noch die restlichen Picknick-Utensilien eingepackt und los geht's!

Grill-Eimer

Um im Freien zu kochen, braucht man keine aufwändigen, teuren Geräte. Ein verzinkter Eimer, der etwas aufgepeppt wurde, reicht für ein stilvolles Barbecue schon aus, und wenn man gleich mehrere nebeneinander aufstellt, kann man auch eine große Gästerunde bewirten. Ein Vorteil ist auch, dass man vegetarische Gerichte von Fisch und Fleisch getrennt zubereiten kann.

Eine Eimerreihe auf einer Bank aufgestellt, ist günstig, praktisch und sieht schick aus. Und ausreichend für jede Menge Partygäste. Wenn man mit dem Grillen fertig ist, leert man die Asche nach dem Abkühlen aus und räumt die Eimer einfach ineinander gestapelt weg. Ein einzelner Eimer ist ideal für ein Picknick, leicht zu tragen und kann selbst noch zum Transport der ganzen Picknick-Utensilien benutzt werden.

Schwierigkeitsgrad 1

Zeitbedarf 30 Minuten

Sie brauchen:

- 1 oder mehrere verzinkte Eimer
- Pflastersteine oder eine ähnliche hitzebeständige Unterlage
- Holzkohle
- Grillanzünder
- 1 oder mehrere Grillroste

1 Mit einem dicken Nagel schlägt man Löcher in den Eimer, etwa 2 bis 3 cm vom Boden entfernt.

2 Stellen Sie die Eimer auf eine nicht entflammbare, hitzebeständige Unterlage, zum Beispiel auf Pflaster- oder Ziegelsteine. Damit die Arbeitsfläche auf einer bequemen Höhe liegt, haben wir eine Küchenbank mit einer Planke und großen Terrakotta-Töpfen improvisiert.

3 Schütten Sie eine Lage Holzkohle in die Eimer.

4 Mit den Grillanzündern geht das Feuermachen ganz schnell und es dauert nicht lange, bis die Kohle glüht.

5 Wenn die Kohlen rot glühen, können Sie den Grillrost und das Grillgut auflegen.

4

5

Spiel mit dem Feuer

Grillen ist ein Spaß für die ganze Familie, aber ein paar Sicherheitsmaßnahmen sollte man immer beachten. Bevor man den Grill anzündet, muss man sich vergewissern, dass er sicher und stabil steht und nicht umkippen kann. Die Eimer müssen auf einer hitzefesten Unterlage stehen und dürfen nichts, was Feuer fangen könnte, berühren. Die Eimer werden sehr heiß, deshalb immer Ofenhandschuhe tragen! Übermütige Kinder (und Haustiere!) achten nicht immer darauf, wo sie beim Toben hinrennen, sie müssen vom Grillplatz ferngehalten werden. Eine Löschdecke in der Nähe ist Pflicht. Streichhölzer und Feuerzeuge dürfen nicht in Kinderhände geraten.

Leckere Grill-Rezepte

Gute, einfache Gerichte sind am besten, um im Garten entspannt essen zu können. Das Essen sollte ohne viel Aufwand zubereitet und zum Tisch gebracht werden können. Wichtig ist, dass die Rezepte einfach und lecker sind, damit sich der Koch genauso entspannen kann wie die Gäste. Die folgenden Rezepte sind leicht zuzubereiten, raffiniert und lecker.

WASSERMELONEN-SALAT MIT FETA-KÄSE

Vorbereitung 10 Minuten für 4 Personen

1 Esslöffel schwarze Sesamsamen
500 g Wassermelone, geschält und gewürfelt
175 g Feta-Käse, in Würfel geschnitten
50 g Rucola
frische Minze, Petersilie und Koriander
6 Esslöffel Olivenöl, Extra Vergine
1 Esslöffel Orangenblütenwasser
1½ Esslöffel Zitronensaft
1 Teelöffel Granatapfelsirup (optional)
½ Teelöffel Zucker
Salz und Pfeffer
getoastetes Pitta-Brot

1. Rösten Sie Sesamkörner trocken in der Pfanne, beistestellen.
2. Arrangieren Sie die Melone mit dem Feta-Käse und den Kräutern auf den Tellern.
3. Mischen Sie Olivenöl, Orangenblütenwasser, Zitronensaft, eventuell Granatapfelsirup und Zucker, mit Salz und Pfeffer abschmecken und über den Salat sprinkeln. Dann noch die gerösteten Sesamkörner darüberstreuen und mit getoastetem Pitta-Brot servieren.

ÜBERBACKENE CHAMPIGNONS

Vorbereitung 12–15 Minuten Zubereitung 15 Minuten für 4 Personen

12 große Champignons
2 Knoblauchzehen, zerdrückt
1 Teelöffel Thymian, gehackt
1 Spritzer Zitronensaft
125 g weiche Butter
50 g Pecorino Käse, gerieben
Salz und Pfeffer
knuspriges Brot

1. Verteilen Sie die Pilze auf 4 große Stücke Alu-Folie. Vermischen Sie Knoblauch, Thymian und Zitronensaft mit der weichen Butter. Mit Salz und Pfeffer abschmecken. Die Kräuterbutter über die Champignons geben.
2. Verschließen Sie die Alufolie zu kleinen Päckchen und dünsten Sie die Pilze über glühendern Kohlen oder im vorgeheizten Backofen bei 200 °C (Gas Stufe 6) für 10 bis 15 Minuten.
3. Öffnen Sie die Folien-Päckchen und streuen Sie den Käse über die Pilze. Mit knusprigem Brot servieren.

KLASSISCHER AMERIKANISCHER BURGER

Vorbereitung 15 Minuten, plus Abkühlzeit
Zubereitung 15 Minuten für 4 Personen

1 kg gutes, frisches, grobes Rinderhack
2 Knoblauchzehen, gehackt
1 Esslöffel Pflanzenöl
8 Scheiben Schinkenspeck
etwas Olivenöl zum Bepinseln
Salz und Pfeffer

Zum Servieren
4 große Hamburger-Brötchen
75 g Salatblätter
1 Fleischtomate, in Scheiben
4 dicke Scheiben kräftigen Cheddar-Käse
1 kleine rote Zwiebel, in Ringe geschnitten
1 mal schnelle BBQ Sauce

1 Mischen Sie das Hackfleisch mit dem Knoblauch, mit Salz und Pfeffer würzen. In 4 gleich große Portionen aufteilen und aus jeder einen flachen Burger formen. Gut zusammendrücken! Zugedeckt im Kühlschrank für mindestens 30 Minuten kühl stellen.

2 Den Schinken anbraten, bis er knusprig ist und warm stellen. Auf dem Grill oder in einer Grillpfanne von jeder Seite je nach Geschmack 5–6 Minuten anbraten, dabei ab und zu mit Olivenöl bepinseln.

3 Legen Sie auf die untere Hälfte des Brötchens ein Salatblatt, dann die Tomatenscheibe. Darauf kommt der Burger, dann der Käse, die Zwiebelringe und der Schinken. Servieren Sie den Burger offen oder mit dem Brötchendeckel und der schnellen BBQ Sauce.

SCHNELLE BARBECUE (BBQ) SAUCE

Vorbereitung 5 Minuten
Zubereitung 10 Minuten für 450 ml

250 ml Tomatenketchup
125 ml Tomatenpüree
125 ml Apfelessig
4 Esslöffel Zuckersirup
1 Esslöffel Worcestershire Sauce
1 Teelöffel Dijon-Senf
1 Teelöffel Tabasco Sauce (oder Chipotle Tabasco)

1 Füllen Sie alle Zutaten in einen Saucentopf. 5–10 Minuten köcheln lassen, bis die Sauce eingedickt ist.

2 Schütten Sie die Sauce in sterilisierte Einmachgläser und lassen Sie sie abkühlen. Gleich verwenden. Im Kühlschrank bis zu 2 Wochen haltbar.

GARNELEN IM SALZMANTEL MIT CHILI-SAUCE

Vorbereitung 10 Minuten Zubereitung 20 Minuten für 4 Personen

12 große rohe Tiger Prawns in der Schale
1 Esslöffel Olivenöl
50 g Meersalz
Zitronenschnitze zur Garnierung

CHILI-SAUCE
4 reife Tomaten
½ rote Zwiebel
2 rote Chili-Schoten
2 Esslöffel dunkle Soya-Sauce
2 Esslöffel Honig
Salz und Pfeffer

1 Zuerst breitet man die Chili-Sauce zu. Schneiden Sie Tomaten, Zwiebel und Chilis in grobe Stücke. Im Mixer mit der Soya-Sauce, dem Honig und Salz und Pfeffer abschmecken und pürieren.

2 Schütten Sie die Sauce in einen kleinen Topf. Aufkochen. 15 Minuten köcheln lassen, bis die Sauce eingedickt ist. Den Topf in Eiswasser stellen und abkühlen lassen.

3 In der Zwischenzeit schneidet man den Garnelen mit einer kleinen Schere den Rücken auf und zieht den schwarzen Faden heraus. Abspülen und auf Küchenkrepp gut abtrocknen lassen.

4 Die Garnelen in Öl wenden und mit reichlich Salz besteuen. Grillen Sie die Garnelen im Salzmantel über den heißen Kohlen oder in einer Grillpfanne für 2–3 Minuten auf jeder Seite. Mit den Zitronenscheiben garnieren und mit der Chili-Sauce servieren.

GEGRILLTE FRÜCHTE MIT PALMZUCKER

Vorbereitung 10 Minuten, plus Abkühlzeit
Zubereitung 6–8 Minuten für 4 Personen

25 g Palmzucker
geriebene Schale und Saft einer Limette
2 Esslöffel Wasser
½ Teelöffel im Mörser zerstoßene schwarze Pfefferkörner
500 g vorbereitete Fruchtstücke (zum Beispiel Ananasscheiben, Mangofilets oder Pfirsichhälften)

Zum Servieren
Zimt- oder Vanille-Eis
Limettenscheiben

1 Palmzucker, Limettensaft und -schale, Wasser und zerstoßenen Pfeffer in einer kleinen Pfanne erwärmen, bis sich der Zucker gelöst hat. Dann die Pfanne in Eiswasser stellen und abkühlen lassen.

2 Mit dem abgekühlten Sirup die vorbereiteten Früchte bepinseln und von jeder Seite für 3–4 Minuten grillen. Mit Zimt- oder Vanille-Eiskugeln und Limettenscheiben servieren.

Steck-Tisch und -Stühle

Aus einfachen Leimholzbrettern kann man einen raffinierten, haltbaren Tisch mit passenden Stühlen bauen. Farbenfroh, einfach und stabil – und dazu noch bequem und leicht zu transportieren. Ideal für eine mobile Sitzgruppe im Garten. Und im Winter kann man sie zusammenklappen und platzsparend verstauen.

Schwierigkeitsgrad 3

Zeitbedarf 2 Stunden

Sie brauchen:

Leimholz
25 mm stark x
265 mm breit

pro Stuhl:
1 x 1,1 m lang und
1 x 80 cm lang

für den Tisch:
2 x 65 cm lang und
1 x 37 cm lang

Holzschutzfarbe
oder Lasur

Bauanleitung Stuhl

1 Mit einem Teller als Schablone eine runde Linie an je einem Ende von jedem Brett markieren.

2 Mit der Stichsäge abschneiden und mit Sandpapier glatt schleifen.

3 An beiden Brettern markiert man 30 cm vom eckigen Ende eine Line und eine weitere im Abstand von 25 mm. Beide zieht man bis exakt zur Mitte durch. Mit der Stichsäge werden die Schlitze ausgesägt, dann glattschmirgeln.

4 Zweimal mit Holzschutzfarbe streichen und nach dem Trocknen zusammenstecken.

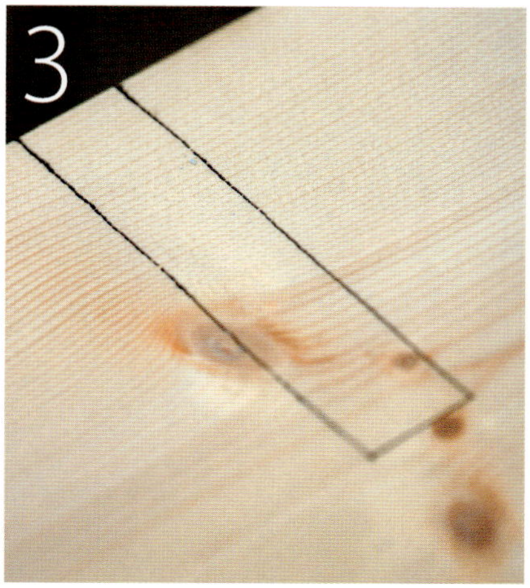

Bauanleitung Tisch

5 Wie beim Stuhl (Schritt 3) wird ein Schlitz im Abstand von 35 cm bei den beiden 65 cm langen Brettern ausgesägt. Zusammenstecken, sodass ein Kreuz entsteht. Beim dritten Brett sägt man die Kanten der schmalen Seiten im 45°-Winkel ab und setzt sie oben auf das Kreuz auf.

6 Alles auseinandernehmen, zweimal streichen und den Tisch nach dem Trocknen zusammensetzen.

Gartenstuhl-Hussen

Gartenmöbel mit Patina können sehr ansprechend aussehen, für eine opulente Gartenparty darf es aber auch mal etwas edler sein. Schnell und einfach kann man Stühle unter Hussen aus elegantem Stoff verschwinden lassen und mit Schleifen und Bändern verzieren. Wählen Sie farblich passende Tischdecken und schmücken Sie die Schleifen mit Blüten und Blättern.

Schwierigkeitsgrad 1

Zeitbedarf 15 Minuten

Sie brauchen:

- Baumwollstoff (siehe Schritt 1 und 2 zur Mengenberechnung)
- Stoffkleber
- 2½–3 m Polyester-Chiffon pro Stuhl
- Blüten zur Schleifenverzierung
- Bänder in passenden oder kontrastierenden Farben

1 Messen Sie eine Stoffbahn so ab, dass sie vom Boden einer Seite über die Sitzfläche bis zum Boden auf der anderen Seite reicht. Für die Säume je 2 cm dazurechnen.

2 Genauso verfährt man vom Boden der Rückseite über die Lehnen und Sitzfläche bis nach vorne. Die Breite hängt von der Stuhlgröße ab. Lieber etwas großzügiger messen. Die Stoffbahnen zuschneiden und die Säume mit Kleber fixieren.

3 Die erste Stoffbahn um den Stuhl drapieren, dabei darauf achten, dass beide Seiten gleich bedeckt sind. Dann kommt die zweite Stoffbahn über die Lehne. Je nach Form Ihrer Stühle kann es sein, dass Sie den Stoff mit Stecknadeln fixieren müssen.

4 Schneiden sie ein Stück Chiffon ab und schlingen Sie es um die Lehne. Hinten mit einer großen Schleife zusammenbinden.

5 Binden Sie einen kleinen Blumenstrauß (hier Margeriten und Lavendel) an die Schleife.

Schnelle Cocktails

Es sind die kleinen Extras, die eine Party zu etwas Besonderem machen. Sorgfältige Tisch-Deko, schöne Stoffe, die Beleuchtung und das Essen sind wichtig, und eine raffinierte Auswahl besonderer Drinks und Cocktails sorgt für den perfekten Start und eine lockere Stimmung. Zum Glück sind schöne, exotisch klingende Cocktails gar nicht schwer selbst zu mixen.

PINK MOJITO

für 1 Cocktail

- ½ Limette
- 6–8 Minzeblätter
- 2 Teelöffel Zuckersirup
- 3 Himbeeren
- Crushed Eis
- 4 cl Weißer Rum
- 2 cl Chambord
- 1 Spritzer Preiselbeersaft

Geben Sie die ersten 4 Zutaten in ein Highballglas. Mit Crushed Eis auffüllen. Den Rum dazugeben, umrühren-dann den Chambord dazugeben und mit Preiselbeersaft auffüllen. Mit Minzeblättern dekorieren.

TANGERINE CHILL

für 6 Personen

- Eiswürfel
- ¼ l Weißer Rum
- 16 cl Cointreau
- 320 ml Mandarinensaft
- 320 ml frischer Grapefruitsaft
- 8 cl frischer Limettensaft
- 8 cl Kirschaft
- 4 cl frischer Zitronensaft
- Zuckersirup nach Belieben
- Limetten- und Zitronenscheiben zum Garnieren

Geben Sie etliche Eiswürfel in ein großes Gefäß. Rum, Cointreau und die Fruchtsäfte darübergießen und umrühren. Je nach Belieben mit Zucker süßen. In Punschgläsern mit Limetten und Zitronenscheiben garniert servieren. Mit Eiswürfeln kühlen.

CAMPITO

für 1 Cocktail

- 3 Limettenscheiben
- 2 Orangenschnitze
- 6–8 Minzeblätter
- 2 Teelöffel Zucker
- 1 Spritzer Passionsfruchtsirup
- Crushed Eis
- 4 cl brauner Rum
- 2 cl Campari
- 1 Spritzer Sodawasser

Geben Sie die ersten 5 Zutaten in ein Highballglas und einen Löffel Crushed Eis dazu. Rum und Campari dazugeben, jedes Mal umrühren und mit Crushed Eis und Soda auffüllen. Mit roten Beeren garnieren.

PIMM'S COCKTAIL

für 6 Personen

- Eiswürfel
- 250 ml Pimm's No 1
- 150 ml Gin
- 750 ml Ginger Ale
- 300 ml Limonade
- 1 Limette, in Schnitzen
- Heidelbeeren, Erdbeeren, Gurkenscheiben und Minze zum Garnieren

Eiswürfel in ein großes Gefäß geben und alle flüssigen Zutaten darübergießen. Dann die Fruchtstücke und Gurkenscheiben dazugeben und alles gut verrühren. In einem Tumblerglas mit Eiswürfeln und Minzeblättern garniert servieren.

SANGRIA BLANCO für 6 Personen

Eiswürfel
150 ml Wodka mit Zitronenaroma
8 cl Pfirsichschnaps
8 cl weißes Pfirsichmark
4 cl frischer Limonensaft
500 ml trockener Weißwein
1 l Apfelsaft zum Auffüllen
Apfel- und Zitronenschnitze zum Garnieren

Die Bowle kann einige Zeit vor dem Servieren vorbereitet werden. Eiswürfel in großes Gefäß geben und alle Zutaten darübergießen. Während die Bowle abkühlt, regelmäßig umrühren. Mit Eiswürfeln und den Apfel- und Zitronenschnitzen dekoriert in einem Kelchglas servieren.

ORCHARD BREEZE für 6 Personen

Eiswürfel
320 ml Wodka
8 cl Holunderblüten-Cordial
250 ml trockener Weißwein
4 cl frischer Limettensaft
500 ml frischer Apfelsaft
325 ml Limonade zum Auffüllen
Weiße Trauben, Apfelschnitze und Limettenscheiben zum Garnieren

Füllen Sie ein großes Gefäß mit Eiswürfeln und gießen Sie alle Zutaten darüber. Gut umrühren. Geben Sie die Trauben, die Apfelschnitze und Limettenscheiben dazu. In eisgefüllten Punschgläsern oder Tassen servieren.

BAY BREEZE für 6 Personen

Eiswürfel
320 ml Wodka
750 ml Preiselbeersaft
350 ml Ananassaft
Limettenscheiben zum Garnieren

Füllen Sie ein großes Gefäß mit Eiswürfeln und gießen Sie alle Zutaten darüber. Gut umrühren. Mit Limettenscheiben garnieren und in mit Eiswürfeln gefüllten Longdrinkgläsern servieren.

Niedriger Couchtisch

Um auf üppigen, dicken Kissen sitzend an einem niedrigen Tisch zu dinieren, ist dieser Couchtisch ideal. Die dicken Holzbalken halten jahrelang und der Tisch kann auch gut vor einer Bank stehen.

Dieser Tisch ist aus ungehobelten Bahnschwellen gebaut, man kann aber auch geschliffene Holzbohlen verwenden, wenn man einen eleganteren Look möchte.

Schwierigkeitsgrad 2

Zeitbedarf 2 Stunden

Sie brauchen:

2 neue Bahnschwellen oder Holzbohlen 1,8 m lang und 12 x 20 cm Querschnitt

Holzstab 1,2 m lang mit 20 mm Durchmesser, als Dübel in 20 cm lange Stücke geschnitten

Holzleim (für außen geeignet)

1 Zuerst wird das Holz zugeschnitten. Messen Sie drei 90 cm und zwei 45 cm lange Holzbohlen ab. Lassen Sie das am besten vom Holzlieferanten machen. Nun werden an den längeren Bohlen zwei Punkte markiert, in der Mitte und 25 cm vom Ende entfernt. Mit einem 20-mm-Bohrer ein 10 cm tiefes Loch bohren.

2 Markieren Sie an den beiden kürzeren Bohlen drei Punkte in der Mitte und je 2,5 cm von den Enden entfernt. Bohren Sie an den Markierungen je ein Loch, genauso groß und tief wie bei den längeren Bohlen.

3 Bestreichen Sie die Hälfte der Dübel mit dem Holzleim und stecken Sie sie in die drei Löcher in den beiden kleineren Bohlen. Trocknen lassen. Nun wird die herausstehende Hälfte mit Leim bestrichen und die langen Bohlen, die die Tischplatte bilden werden, platziert. Achten Sie darauf, dass die Enden der Bohlen eine gerade Kante bilden. Ebenfalls trocknen lassen.

Schnelle Ideen

LINKS Ein Eiswürfel mit einer eingefrorenen essbaren Blüte kühlt Drinks auf äußerst dekorative Weise. Veilchen, Duft-Geranien, Kapuzinerkressen- oder Ringelblumenblüten bringen Farbtupfer in viele verschiedene Getränke. Man füllt eine Eiswürfelform mit Wasser, legt die Blüten oder Blütenblätter hinein und friert alles ein.

OBEN und LINKS Teelichthalter aus in Eis eingefrorenen Blüten. Nehmen Sie zwei Kunststoffbecher, einer 3 oder 4 cm kleiner als der andere und legen Sie ein paar Eiswürfel auf den Boden des größeren. Den kleinen stellt man hinein und füllt den Zwischenraum mit Wasser und Blüten auf. Über Nacht einfrieren. Kurz mit warmem Wasser übergießen, damit sich die Becher besser lösen.

LINKS Bei besonderen Gelegenheiten kann man mit ein oder zwei Bögen schönen Geschenkpapiers auf der Tischdecke der Tischdeko den letzten Schliff verpassen.

RECHTS An schönen, aber windigen Tagen kann man die Tischdecke mit glitzernden Gewichten an Clips vor dem Wegwehen bewahren. Kleine Gegenstände, wie Muscheln, Kiesel, Tannenzapfen oder Perlen, werden einfach mit Draht an einem Vorhangclip befestigt.

RECHTS Eine Tischdeko, die alle Blicke auf sich zieht, muss nicht schwierig oder aufwändig sein. Mit ein paar blühenden Topfblumen, egal ob Sträucher, Stauden oder Sommerblumen, die farblich zusammenpassen geht das ganz einfach. Wickeln Sie die Töpfe in passende Stoffe und Bänder und gruppieren Sie sie in der Mitte des Tischs. Wenn das Essen oder die Party zu Ende sind, kann man sie in den Garten oder in schöne Kübel pflanzen. Mit einfachen Schnittblumen würde das nicht gehen.

Schnelle Ideen

RECHTS Frisch aus dem Garten gepflückt wird aus einem duftigen Rosmarinzweig ein Kerzenhalter. Triebe von Kletterpflanzen, wie Hopfen, Efeu oder Clematis eignen sich ebenso, auch feine Farnwedel sehen ausgesprochen elegant aus.

OBEN Einfach und genial: Ein biegsamer Rosmarinzweig als Serviettenring. In einer Minute gebastelt, wird der Aha-Effekt garantiert länger anhalten.

RECHTS Keramiktöpfe mit stacheligen Kakteen sorgen für einen modernen Look. Sie können den ganzen Sommer draußen auf dem Tisch bleiben. Im Winter kommen sie dann ins warme Haus.

Mit ein paar Blüten und Blättern aus dem Garten verleiht man der Tischdeko für eine Gartenparty in kürzester Zeit – und noch dazu umsonst – einen raffinierten Schliff. In die „natürlichen“ Serviettenringe kann man individuelle Blüten oder Platzkärtchen stecken.

RECHTS Eine kräftige rosafarbene Gerbera, die mit Blumendraht fixiert ist, peppt die schlichte Stoffservietten auf.

OBEN Bast und gelbe Schafgarbe halten Besteck und Serviette zusammen.

RECHTS Lavendel wird, in eine einfache Schleife aus Stoff gesteckt, zur aromatischen Serviettendekoration.

Entspannung
und
Erholung

Die meisten Menschen sehen in ihrem Garten, egal wie klein er auch sein mag, eine Zuflucht vor der Hektik des Alltags und den Anforderungen, die das tägliche Leben von uns verlangt. Wenn man den Garten zu einem Ort der Entspannung gestaltet, kann man die Welt um sich herum vergessen und sich sein eigenes kleines, verstecktes Paradies schaffen. Eine Hängematte, ein gutes Buch und eine schattige Ecke reichen schon aus, oder Sie bauen sich mit schönen Sichtschutzwänden einen kleinen von der Welt abgeschotteten Kokon. Ein bequemer Platz zur Erholung, mit beruhigenden Geräuschen und Düften hilft dabei, eine magische, entspannende Ruhe zu schaffen. Mit den Projekten in diesem Kapitel schaffen Sie sich ihr kleines individuelles Paradies, in dem Sie für eine Zeitlang der Hektik des Alltags entrinnen können.

Hängematte

Was gibt es Entspannenderes als eine sanft schaukelnde Hängematte? Diese Hängematte aus robustem Polsterstoff ist nicht nur farbenprächtig und pflegeleicht, man muss nicht einmal nähen können, um sie in kurzer Zeit aus einer Stoffbahn und zwei Seilen zu basteln.

Schwierigkeitsgrad 1

Zeitbedarf 1,5 Stunden

Sie brauchen:

robusten Polsterstoff 2 m x 2 m

14 Ösen von 2 cm Durchmesser

mindestens 8 m kräftiges Hanfseil von 8 mm Stärke, in zwei Stücke zerschnitten (die Länge hängt vom Aufhängeplatz der Hängematte ab)

1 Falten Sie den Stoff in Längsrichtung zur Hälfte ein und fixieren Sie ihn mit Stecknadeln.

2 An den kurzen Enden einen 4 cm breiten Saum umschlagen und mit Stecknadeln feststecken.

3 Mit dem Gerät, das zu den Ösen beigepackt ist, befestigt man diese im Abstand von 8 cm am Saum durch alle Stofflagen hindurch. Dann kann man die Stecknadeln entfernen.

4 Zum Schluss fädelt man das erste Stück Seil durch die Ösen, sodass die Seilmitte in der Mitte der Hängematte liegt. Mit der zweiten Seilhälfte wird auf der anderen Seite genauso verfahren. Die losen Enden kann man nun sicher verknoten und die Hängematte aufhängen.

Sicherheit

Achten Sie darauf, dass die Aufhängung der Hängematte stabil genug ist, das Gewicht der Person, die in ihr liegt, zu tragen.

Reeling-Versteck

Dieser geschützte Sitzplatz erinnert mit den gespannten Tauen an eine Reeling und den letzten Urlaub am Meer. Er ist ideal für einen Garten, in dem man sonst keine Rückzugsmöglichkeiten hat. Der Sichtschutz ist aus dicken Seilen und unbearbeiteten Pflöcken gebaut, die mit der Zeit eine schöne Patina annehmen. Ein oder zwei Personen finden darin leicht Platz. Man kann ihn aber auch etwas größer konzipieren, damit ein kleiner Tisch und ein paar Stühle hineinpassen.

Schwierigkeitsgrad 2

Zeitbedarf 5 Stunden

Sie brauchen:

- Rundpfosten mit 6 cm Durchmesser: 8 x 1,5 m Länge, 1 x 1 m Länge (für andere Kombinationen siehe Schritt 1)
- synthethisches Hanfseil: 60 m lang, 16 mm stark
- Schrauben 20 mm lang
- Sisalschnur, 8 mm stark (Länge ist abhängig davon, wie dicht der Sichtschutz sein soll)
- Treibholz und Muscheln

1 Zuerst werden die Holzpflöcke zugeschnitten. Sie brauchen, von links nach rechts für den Sichtschutz 11 Pfosten von folgender Länge: 60, 70, 80, 90, 110, 120, 135, 150, 135, 115 and 90 cm. Dies ist nur ein Vorschlag. Die Pfosten müssen etwa 20 cm tief in den Boden geschlagen werden. Je nach Bodenbeschaffenheit kann man die Pfostenlänge variieren. Markieren Sie die Kurve des Sichtschutzes mit einem Maßband, sodass sie eine Länge von 6 m hat. Nehmen Sie sich Zeit, die Position genau zu bestimmen. Ideal ist ein offenes, nicht ganz symmetrisches Oval.

2 Legen Sie die Pfosten im Abstand von 60 cm in der Kurve aus. Beginnen Sie mit dem kürzesten und erhöhen Sie die Länge nach und nach bis zur Mitte, um dann wieder kürzer zu werden. Schlagen Sie alle Pfosten in den Boden, damit sie stabil verankert sind. Achten Sie darauf, das Größenverhältnis beizubehalten.

3 Befestigen Sie das Hanftau mit einer Schraube am kürzesten Pfosten.

4 Weben Sie das dicke Tau zwischen den Pfosten hin und her. Spannen Sie das Seil fest an und schrauben Sie es an einigen Pfosten fest.

5 Flechten Sie das Tau hin und her durch die Pfosten, bis das Ende der Pflöcke erreicht ist. Der Abstand wird so gewählt, dass Licht hindurchkommt, aber die Privatsphäre gewahrt bleibt. Das Tau-Ende festschrauben.

6 Jetzt webt man so viele dünne Sisalseile senkrecht zwischen das Hanftau, wie man mag, und verknotet sie unten. Die Enden können ruhig ausfransen. Mit Triebholz, Muscheln und schönen Töpfen dekorieren.

Tipp

Das Sisalseil kann ruhig ausfransen, das Hanftau sollte man an den Enden sauber fixiern. Damit es nicht ausfranst, umwickelt man die Enden mit Schnur und verschweißt sie mit einer offenen Flamme.

Hänge-Liegestuhl

Extrem bequem und unwiderstehlich einladend. Dieser Hänge-Liegestuhl ist genial einfach zu bauen und dabei absolut unempfindlich. Da man in ihm aufrechter sitzt als in einer Hängematte, ist er besonders gut geeignet, wenn man lesen oder eine Tasse Tee genießen möchte.

Schwierigkeitsgrad 2

Zeitbedarf 3 Stunden

Sie brauchen:

4 Holzstäbe mit 3 cm Durchmesser:
2 x 110 cm lang
2 x 64 cm lang

Holzschutzfarbe

Segeltuch
50 cm x 1,5 m

Nähgarn

stabiles Hanfseil (die Länge ist von der Aufhängehöhe abhängig)

1 Streichen Sie die Holzstäbe mit zwei Lagen Holzschutzfarbe.

2 Mit einem 12-mm-Bohrer bohrt man ein Loch in den Stab, 6 cm vom Stabende entfernt. Umsäumen Sie die langen Kanten des Segeltuchs. Dann falten Sie die kurzen Kanten um und nähen einen 6 cm breiten Saum, durch den die Stäbe gezogen werden.

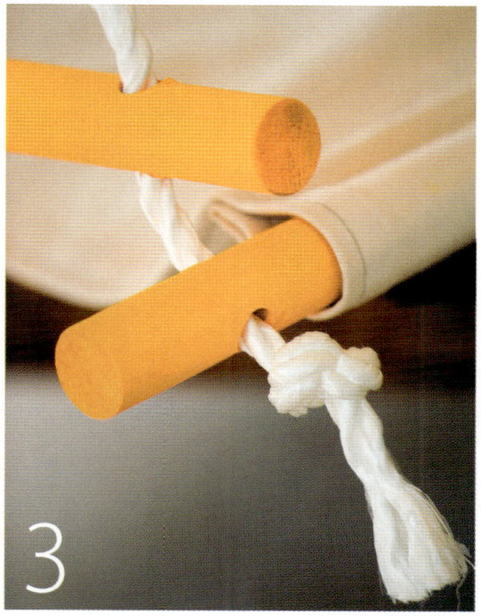

3 Stecken Sie die beiden kurzen Stäbe durch den Saum des Segeltuchs. Durch die gebohrten Löcher wird das Seil gezogen und am unteren Ende verknotet. Das andere Ende wird durch die Löcher auf der anderen Seite des Liegestuhls gezogen und ebenfalls verknotet. Auf der anderen Seite mit dem zweiten Seil wiederholen.

4 Halten Sie den Stuhl in einem bequemen Winkel und verknoten sie die Seile am obersten Punkt zu einer Schlaufe, an der der Hänge-Liegestuhl aufgehängt werden kann.

Sicherheit

Vergewissern Sie sich, dass der Ast, an dem Sie den Liegestuhl aufhängen, stabil ist und prüfen Sie die Seile regelmäßig, ob sie sich durchgescheuert haben.

Blumen-Futon

Der hübsche Blumen-Futon ist leichter und bequemer als eine Decke, ideal also, um ihn als Unterlage im Garten, beim Baden oder am Strand zu benutzen. Durch die Wattierung zwischen den beiden Lagen glatten Baumwollstoffs ist er eine ideale Unterlage auch bei unebenem Untergrund. Die Stoffhülle kann Ton-in-Ton oder mit kontrastierenden Farben genäht werden. Er ist waschmaschinenfest, kann aber auch, wie auf Seite 55 beschrieben, wasserabweisend behandelt werden.

Schwierigkeitsgrad 3

Zeitbedarf 2 Stunden

Sie brauchen:

- 2 Bahnen Baumwollstoff oder Baumwollmischgewebe, jeweils 1,88 m x 83 cm
- Nähgarn
- Polyester-Vlies: 1,80 m x 75 cm
- 12 Perlmuttknöpfe oder andere schöne Knöpfe
- 4 m schmales Stoffband, farblich passend

1 Stecken Sie die beiden Stoffbahnen mit der Außenseite nach innen zusammen. Nähen Sie sie mit der Nähmaschine 2 cm vom Rand zusammen und lasen Sie an einer Seite etwa ein Viertel offen. Wenn Sie möchten, können Sie die Ränder mit einem Zick-Zack-Stich umsäumen, damit sie nicht ausfransen. Den Stoff umstülpen und flach auslegen, dann stecken Sie die Wattierung hinein. Mit Stecknadeln fixiert man Stoff und Inlet an gegenüberliegenden Ecken und verteilt die Wattierung gleichmäßig. Dann näht man die Öffnung von Hand zu.

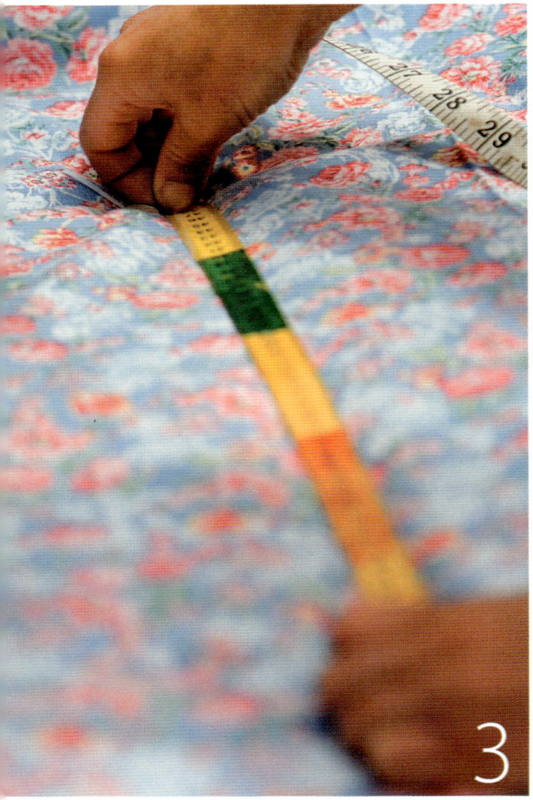

2 Messen Sie 30 cm vom oberen Ende und 18 cm vom Rand ab und nähen Sie den ersten Knopf an. Nähen Sie durch alle Stofflagen und die Wattierung. Dann werden zwei Bändchen um den Knopf geknotet.

3 Messen Sie auf der anderen Seite dieselben Maße ab und nähen Sie den zweiten Knopf an. Alle 30 cm näht man nun über die ganze Länge des Futons die übrigen Knöpfe an, insgesamt also noch 10 Stück in zwei Reihen.

4 Entfernen Sie nun alle Stecknadeln und rollen Sie den Futon zusammen. Nähen Sie Bändchen an die Unterseite, damit er zusammengerollt bleibt. Sie können auch aus einem Stoffrest einen Haltegriff nähen.

Kissen

Gartenbänke, Stühle oder eine Decke im Gras sind viel einladender und bequemer, wenn auf ihnen üppige, weiche Kissen liegen. Wenn Sie Zeit und ein bischen Geschick haben, können Sie sich für Ihre Bänke und Stühle maßgeschneiderte und farblich zum Garten passende Kissen nähen. Damit die Kissen lange halten und nicht so schnell verschmutzen, können Sie wasserfeste Stoffe verwenden oder die Stoffe mit einer speziellen Imprägnier-Lösung in der Waschmaschine behandeln.

OBEN Eine Decke, Kissen und ein Sonnenschirm. Mehr ist nicht nötig, um einen gemütlichen Sitzplatz zu schaffen.

LINKS Selbst harte Oberflächen werden einladend, wenn man ein Kissen unterlegt. Dieses passt farlich perfekt zum Lavendel im Hintergrund.

UNTEN Kissen sorgen für Farbtupfer und Bequemlichkeit.

Stoffe imprägnieren

Imprägnier-Lösungen werden normalerweise für Zubehör zum Zelten und Wandern angeboten. Sie sind auch ideal für Kissenbezüge. Nehmen Sie das Inlet heraus und waschen Sie die Hülle mit der auf der Packung angegebenen Menge Imprägnier-Lösung in der Waschmaschine. Man muss sich dann keine Gedanken mehr über Wassertropfen, feuchte Nächte oder verschüttete Getränke machen.
Je nachdem, wie häufig Sie ihre Kissen benutzen, müssen Sie sie eventuell einmal im Jahr neu imprägnieren.

Sprudel-Schale

Das Plätschern von bewegtem Wasser ist ungeheuer beruhigend. Diese Schale mit einem Mosaik aus weißen Keramikscherben, Glasperlen und glitzernden Spiegelsteinchen sorgt für eine entspannende Atmosphäre. Man kann sie auf der Terrasse oder zwischen niedrige Pflanzen aufstellen.

Schwierigkeitsgrad 2

Zeitbedarf 4 Stunden, plus Trockenzeit

Sie brauchen:

- große Terrakotta-Schale, etwa 60 cm Durchmesser
- Versiegler
- frostsicheres Silikon
- Fliesenkleber (für außen)
- Mosaiksteinchen: Wir haben zerbrochene Keramikfliesen, Glasperlen und Spiegelmosaiksteichen (Smalten) verwendet.
- Fugenmasse (für außen)
- kleine regulierbare Teichpumpe

1 Bestreichen Sie die Innseite der Schale mit verdünntem Versiegler und versiegeln Sie das Abzugsloch mit Silikon. Bohren Sie in die Seite der Schale ein Loch für das Kabel der Pumpe.

2 Bringen Sie auf einer kleinen Fläche etwas Fliesenkleber auf und drücken Sie die Mosaiksteinchen in den Kleber. Verfahren Sie so Stück für Stück, bis die ganze Schale ausgelegt ist. Gut durchtrocknen lassen.

3 Streichen Sie mit einem Schwamm oder weichen Tuch Fugenmasse in die Zwischenräume. Überschüssige Fugenmasse wischt man weg. Das Kabelloch darf nicht verschlossen werden. Nach dem Trocknen polieren.

4 Stellen Sie die Pumpe in die Schalenmitte und ziehen Sie das Kabel durch das Loch. Auf der Innen- und Außenseite der Schale mit Silikon versiegeln.

5 Verstecken Sie die Pumpe unter Mosaiksteinchen und Glasmurmeln. Wenn das Silikon getrocknet ist, füllt man die Schale mit Wasser und stellt die Pumpe ein. Es gibt verschiedene Springbrunnenaufsätze, in einer kleinen Schale wirkt ein sanfter Sprudler aber am besten.

Vorsicht Strom!

Elektroinstallationen im Garten dürfen nur von einem Fachmann ausgeführt werden und nur mit für den Einsatz im Freien zugelassenen Geräten erfolgen.

Windschutz aus Stoff

Schwierigkeitsgrad 1

Zeitbedarf 2 Stunden

Sie brauchen:
- farbige Stoffbahn, 4 m lang
- Nähgarn
- Stoffkleber (optional)
- 4 günstige Vorhangstangen mit 4 Endstücken
- 5 m Stoffband, in 12 gleichlange Stücke geschnitten

Eine farbenprächtige Variante des klassischen Windschutzes sorgt für Privatsphäre im Garten, wenn man einmal einen Nachmittag entspannen will. Dieses Sommeraccessoire sorgt für Sichtschutz zum Nachbarn oder vor kalten Winden und kann auch schnell für ein Picknick am Wochenende oder für einen Strandausflug eingepackt werden.

1 Falten Sie den Stoff erst 1 cm und dann nochmal 1 cm an allen Kanten ein und fixieren Sie den Saum mit Stecknadeln. Es ist nicht nötig, die Webkante zu versäumen. Nähen oder kleben Sie den Saum fest.

1

2

2 Breiten Sie den Stoff aus und legen Sie die vier Vorhangstangen darauf. Markieren Sie die Position der Stangen, damit Sie die Stoffbänder annähen können. Pro Stange sollten Sie drei Bänder, oben, unten und in der Mitte, vorsehen.

3

3 Nähen Sie an jeden Markierungspunkt ein Stoffbändchen an und zwar so, dass das Bändchen in der Mitte am Stoff befestigt wird und die beiden freien Enden gleichlang sind.

4 Um den Windschutz zum ersten Mal aufzustellen, drückt man eine Stange in den Boden und bindet das eine Ende des Stoffs mit den Bändchen fest. Dann zieht man den Stoff straff und steckt die nächste Stange in den Boden. Mit den letzten beiden Stangen wiederholen.

Tipp

Sie können den Sichtschutz natürlich in der Länge variieren. Je länger er wird, desto mehr Stangen braucht man. So kann er auch ein größeres Picknick beherbergen. Allerdings ist ein großer Sichtschutz auch unhandlicher und schlechter zu transportieren. Der Abstand zwischen den Stangen sollte nicht zu groß sein, da sonst der dazwischen gespannte Stoff durchhängen kann.

Liegestuhl-Auflage

Häufig sieht der Stoffbezug eines Liegestuhls schmutzig und abgelebt aus, obwohl der Rahmen noch gut in Schuss ist. Aber auch diesem merkt man nach einigen Jahren den intensiven Gebrauch an. Es lohnt sich also, einen alten Liegestuhl aufzupeppen und mit etwas Geschick und Fantasie wird er viel schicker aussehen als jeder gekaufte.

Schwierigkeitsgrad 2

Zeitbedarf 3 Stunden

Sie brauchen:

- 2 Stoffbahnen, 3 cm breiter und länger als die vorhandene Sitzfläche
- Stoffreste für die Bänder
- Nähgarn
- Holzschutzfarbe

1 Schneiden Sie den Stoff so zu, dass er etwa 3 cm breiter und länger ist als der alte Bezug.

2 Stecken Sie die beiden Stoffe zusammen, mit der Außenseite nach innen. Schneiden Sie aus den Stoffresten vier Bänder (etwa 50 x 5 cm) zurecht. Falten Sie sie der Länge nach (auf links) und nähen Sie ein Ende und die Längskante mit der Maschine um. Dann umkrempeln. Falten Sie die vier Bänder in der Hälfte um und befestigen Sie sie mit Stecknadeln am oberen und unteren Ende des Bezugs. Stecken Sie sie so zwischen die Stoffe, dass die gefaltete Mitte gerade noch zu sehen ist.

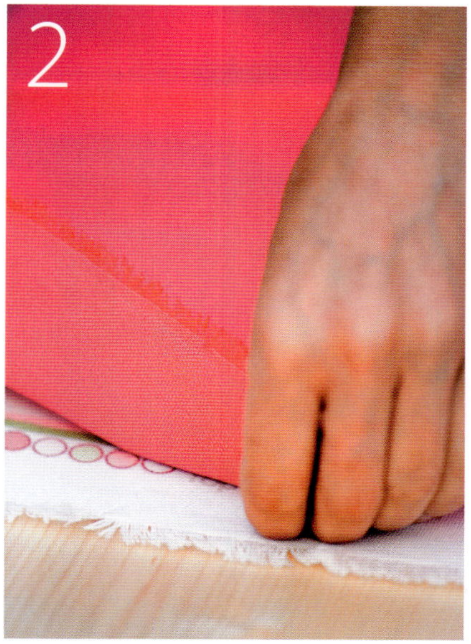

3 Nähen Sie die Stoffbahnen etwa 1,5 cm von der Kante zusammen und lassen Sie an einer Seite etwa 20 cm offen. Achten Sie darauf, die Bänder festzunähen und verstärken Sie die Naht an dieser Stelle mit ein paar Extrastichen. Den Saum können Sie mit Kreuzstichen absteppen, damit er nicht ausfranst. Dann wird die Auflage umgedreht und die offene Naht von Hand zugenäht. Schmirgeln Sie den Liegestuhlrahmen leicht an und streichen Sie ihn zweimal mit einer passenden Holzschutzfarbe.

4 Wenn die Farbe getrocknet ist, kann der neue Bezug auf den Stuhl gespannt und mit den Bändern festgeknotet werden.

Schwierigkeitsgrad 2

Zeitbedarf 2,5 Stunden plus Trockenzeit

Sie brauchen:

2 alte Zaunpfosten aus Holz

1 Holzplanke, etwa 1,5 m lang

2 Holzsstäbe, 12 mm Durchmesser, so lang, wie die Planke breit ist

2 Säcke schnelltrocknender Zement

Rustikale Bank

Diese rustikale, verwitterte Sitzbank ist aus alten Zaunpfosten und Brettern gebaut. So fügt sie sich sofort in einen Bauerngarten oder alten Wochenendgarten ein. In Wertstoffhöfen bekommt man solche verwitterten Holzbretter und -bohlen. Wenn man lieber glatt gehobeltes, sauberes Holz im Garten haben möchte, wird man im Baumarkt oder Gartencenter fündig.

1 Sägen Sie mit einer Motorsäge oder einem Fuchsschwanz eine V-förmige Kerbe an jedes Ende der Planke, so groß, dass die Zaunpfähle hineinpassen. Daraus wird die Sitzfläche.

2 Legen Sie die Holzplanke auf den Boden, wo die Bank stehen soll und markieren Sie die beiden Endpunkte, wo die Pfosten stehen sollen. Graben Sie zwei Löcher (etwa 2 m tief und etwas größer, als die Pfosten dick sind). dann werden die Zaunpfosten senkrecht in die Löcher gestellt.

1

2

3

3 Mischen Sie den Zement nach den Anweisungen auf der Verpackung an und schütten Sie ihn in die Löcher um die Pfosten herum. Die Zementmischung muss dann über Nacht abbinden und aushärten.

4 Um die Sitzfläche zu befestigen, bohrt man mit einem 12-mm-Bohrer ein Loch in jeden Pfosten, etwa in einer Höhe von 45 cm (wenn der Boden eben ist, sonst misst man die Position mit einer Wasserwaage und einem langen Holzsstab ab). Stecken Sie die Holzstäbe durch die Löcher, dann senkt man die Planke von oben zwischen den Pfosten herab, bis sie fest auf den Querstäben liegt.

4

Schnelle Ideen

RECHTS Eine refektierende Metall-Schale, die man sonst nur drinnen verwendet, kann zeitweise im Garten in einer ruhigen Ecke als Deko-Element dienen. Sich in ihr spiegelnde Wolken und der Himmel laden zum Verweilen ein. Auch Dekorationsgegenstände oder Zierrat kann so im Garten erneut zum Leben erweckt werden. Achten Sie auf wetterbeständige Materialien, die auch Regen, Sonne oder Frost überstehen, sonst kann man sie nur im Sommer verwenden.

LINKS Eine ausgeglichene Bepflanzung sorgt für eine entspannende Atmosphäre im Garten. Blattpflanzen schaffen ein kühles und beruhigendes Ambiente. Setzen Sie mit Weiß- und Silber-Tönen Akzente in dieser natürlich wirkenden Umgebung. Wenn man dann noch, wie hier, ein abgeschlossenes Gartenzimmer schafft, ist die Erholung garantiert.

RECHTS und GANZ RECHTS Viele Pflanzen duften angenehm. Am bekanntesten sind wohl Kamille (rechts) und Lavendel (ganz rechts). Setzen Sie solche Pflanzen in Töpfe um die Terrasse oder entlang von Wegen, damit sie ihre aromatischen Düfte verströmen, wenn man sie beim Vorbeigehen streift.

RECHTS Sanft plätscherndes Wasser sorgt für Entspannung im Garten. Die Wasserquelle muss nicht unbedingt aufwändig sein. Aus einem Edelstahlrohr mit einer Scheibe fließt ein weicher Strahl in eine Schale. Mit einer regulierbaren Pumpe kann man den Fluss und damit das Plätschnern genau einstellen.

LINKS und OBEN Feiner weicher Sand und glänzend glatte Murmeln sind unwiderstehlich. Wenn man sie in flachen Terrakotta-Schalen kombiniert, laden sie Erwachsene und Kinder zum Malen und Spielen ein und fördern ihre Kreativität.

Dekoration und Licht

Erst durch dekorative Accessoires bekommt der Garten eine individuelle Note. Genauso, wie man die Wohnung oder das Haus mit Bildern, schönen Dingen und nützlichen Gegenständen dekoriert, kann man auch den Garten schmücken. Auch wenn die meisten Menschen im Garten eher ihre eigene Vorstellung von großen Landschaften oder einem Stück wilder Natur nachbauen möchten, spricht nichts dagegen, warum man Deko-Elemente nicht als individuelle Akzente, Hingucker oder Bereicherung einsetzen soll. Sie können die Ideen in diesem Kapitel genau nachmachen oder sich inspieren lassen und mit eigenen Vorstellungen und Fantasien kombinieren.
Alle Beleuchtungsprojekte sind gleichzeitig praktisch und dekorativ, da das atmospährische Licht einfach im Garten dort aufgestellt werden kann, wo man es haben möchte.

Kerzenlichter

Es gibt kaum etwas Romantischeres, als den sanften Schein von Kerzen an einem lauen Sommerabend. Dieser elegante Kerzenständer kann sieben Kerzen halten, die ihr funkelndes Licht in den Garten streuen. Perfektes Ambiente für ein abendliches Dinner im Garten. Man braucht nur etwa eine Stunde zum Basteln und kann den leichten Kerzenhalter praktisch an jeder senkrechten Fläche aufhängen.

Schwierigkeitsgrad 1

Zeitbedarf 1,5 Stunden

Sie brauchen:

1 verspiegeltes Aluminiumblech
7 Kerzen
7 Teelichthalter
3 Schrauben
3 Dübel

1 Ziehen Sie die Schutzfolie nicht vom Blech. Mit einem Filzstifft werden sieben Streifen von 5 cm Breite im Abstand von 10 cm auf der Schutzfolie markiert. Wenn Ihre Teelichthalter einen größeren Durchmesser als 5 cm haben, passen Sie die Maße einfach an.

2 Mit einer Blechschere schneidet man Streifen in das Blech in beliebiger Länge ein. Vier von oben, drei von unten.

3 Biegen Sie einen Streifen senkrecht nach oben (Vorsicht vor den scharfen Kanten).

Warum nicht...

... die Kerzen durch Blüten oder Blumensträußchen in Mini-Vasen ersetzen. So hat man auch tagsüber einen farbenfrohen und fröhlichen Hingucker, wenn man zum Beispiel Freunde zum Essen oder Kaffeetrinken in den Garten einlädt

4 Falten Sie den Streifen zweimal, sodass eine Auflage entsteht. Mit den restlichen Streifen wiederholen.

5 Bohren Sie drei Löcher von 1 cm Durchmesser am oberen Rand in das Blech, eins in der Mitte, die anderen beiden 2 cm vom Rand. Ziehen Sie nun die Schutzfolie ab.

6 Mit Schrauben und Dübeln an einer senkrechten Unterlage befestigen, Kerzenhalter und Kerzen aufstellen. Fertig.

Bänder-Vorhang

Obwohl mit großen Perlen beschwert, bewegen sich die Bänder dieses leichten Vorhangs beim leisesten Windhauch. Hängen Sie ihn an einer Pergola auf, um neugierige Blicke der Nachbarn abzuhalten oder über einen Türstock, damit im Sommer trotz geöffneter Terrassentür keine Fliegen ins Haus kommen.

Schwierigkeitsgrad 1

Zeitbedarf 2 Stunden

Sie brauchen:

- Bänder in 3 oder 4 Farben
- Holzstab in der Länge, wie der Vorhang breit sein soll
- 2 bis 3 Schraubhaken
- 3 bis 4 Perlen pro Stoffband
- Silberdraht

1 Messen Sie die Höhe aus und schneiden Sie die Bänder zurecht. Lassen Sie sie etwas länger, da sie noch verknotet werden müssen. Wenn man die Bänder etwas in der Länge variiert, wirkt das spannender. Knoten Sie die Bänder fest an die Stange und befestigen Sie sie mit den Schraubhaken direkt an ihrem Platz.

2 Jetzt werden die Perlen aufgezogen. Perlen, deren Loch zu eng für das Band ist, befestigt man mit Silberdraht, den man wie eine Haarnadel biegt.

3 Fädeln Sie das Band in den Knick und stecken Sie die offenen Drahtenden durch die Perle.

4 Die Drahtenden verzwirbeln.

5 Wenn man das Band direkt durch die Perlen fädeln kann, fixiert man sie mit zwei Knoten.

Schwierigkeitsgrad 1

Zeitbedarf 1,5 Stunden

Sie brauchen:

unterschiedlich lange Treibholzstücke

1 m Eisenstab (verzinkt), etwa 8 mm stark

Treibholz-Turm

Treibholz ist durch Wind, Salzwasser und Sonne ausgebleicht und glatt geschliffen. Mit seiner weichen, glatten Oberflächenstruktur liegt es schmeichelnd in der Hand. Dadurch ist es ein idealer Werkstoff für den Garten: natürlich, von zurückhaltendem Charme, schön, auffallend, aber nie aufdringlich.

1 Sortieren Sie die Treibholzstücke auf dem Boden der Größe nach. Die größten Stücke bilden die Basis, die kleinsten die Spitze.

2 Mit einem Bohrer (so dick wie der Stab) bohrt man in die Mitte des untersten Holzes ein Loch. Nicht ganz durchbohren und den Stab hineinstecken.

3 Bohren Sie nun in jedes Holzsstück ein Loch, mit dem längsten beginnend und fädeln Sie die auf den Stab.

4 Durchbohren Sie alle Hölzer bis auf das letzte. Dieses wird nur zur Hälfte durchbohrt und auf die Spitze gesetzt.

Treibholz-Kerzenständer

Ein großes Stück Treibholz, das mit Wachstropfen bedeckt ist, macht eine fantastische Tisch-Deko. Sie können die ganze Tischlänge ausnutzen, wenn Sie genug Stücke haben.

Schwierigkeitsgrad 1

Zeitbedarf 30 Minuten

Sie brauchen:
1 großes Stück Treibholz
3 Kerzen

1 Legen Sie die Treibholzsstücke so auf dem Tisch aus, dass sie stabil liegenbleiben.

2 Markieren Sie die Halterung für die drei Kerzen und bohren Sie je 2 cm tiefe Löcher mit einem Durchmesser von 20 mm.

3 Drücken Sie die Kerzen fest in die Löcher im Treibholz.

Offenes Kerzenlicht

Kerzen sorgen im Garten oder im Haus für romantisches Licht. Man darf offenes Feuer aber niemals unbeaufsichtigt lassen und muss sicher sein, dass die Kerzen fest in ihrem Halter stehen und nicht umkippen können. Um Wachsspritzer zu vermeiden, kann man die Kerze auch in ein Windlicht oder großes Glas stellen.

Spiegel-Skulptur

Dieser funkelnde Hingucker setzt im Garten einen architektonischen Akzent, denn in den glitzernden Metallblechen spiegelt sich die ganze Umgebung. Man braucht nur wenige Minuten, um sie zuzuschneiden. Die Bleche sind leicht und können überall im Garten aufgestellt werden. So kann man je nach Jahreszeit den Blick auf unterschiedliche Bereiche lenken. Auch andere geometische Formen sind möglich.

Schwierigkeitsgrad 1

Zeitbedarf 15 Minuten

Sie brauchen:

50 x 100 cm verspiegeltes Aluminiumblech

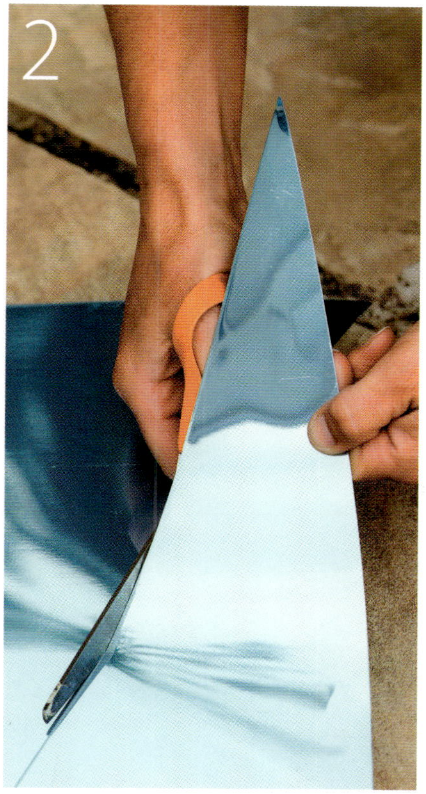

Einen Moment nachdenken

Wählen Sie den Standort der Metall-Skulptur sorgfältig. Wenn sie sich der Umgebung zu gut anpasst, könnte man sich an den scharfen Kanten verletzen, wenn man auf sie tritt oder über sie stolpert. Plätze, an denen Kinder spielen, muss man auf jeden Fall meiden.
Die Spiegel-Skulpturen passen besonders gut in Pflanzungen oder Blumenbeete.

1 Zeichnen Sie, ohne die Schutzfolie abzuziehen, eine Linie von Ecke zu Ecke des Blechs.

2 Schneiden Sie die Folie entlang der Linie mit einer kräftigen Schere durch. Schneiden Sie von sich weg und so glatt und sauber wie möglich.

3 Ziehen Sie die Schutzfolien von den Blechen ab.

4 Biegen Sie die Folien in einen sanften Bogen und drücken Sie sie vorsichtig in den Boden, dass sie aufrecht stehen bleiben.

Wand-Bild

Man kann einer Wand nicht nur mit Kletterpflanzen zu Farbe verhelfen. Mit diesen bunten Streifen bringt man das ganze Jahr über Farbe in den Garten. Und das Beste ist: Man muss nicht einmal ein Künstler sein, um dieses Kunstwerk anzufertigen.

Schwierigkeitsgrad 1

Zeitbedarf 3 Stunden

Sie brauchen:

60 x 120 cm Sperrholz, 12 mm stark

Holzimprägnierung

Acrylfarben in 4 Farb-Tönen

extra-starkes doppelseitiges Klebeband

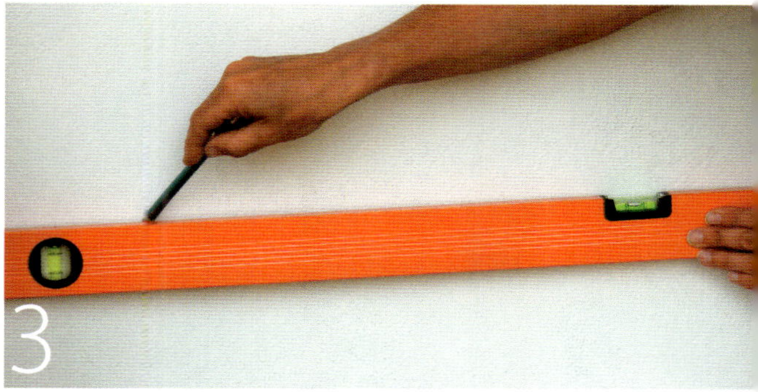

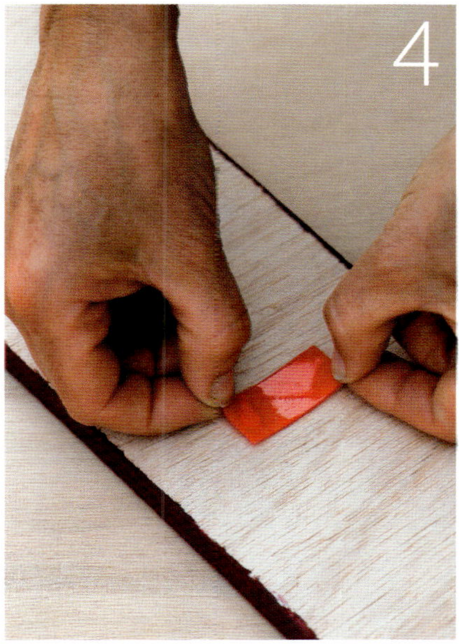

1 Schneiden Sie das Sperrholz in sieben unterschiedlich breite Streifen (oder lassen Sie das beim Holzhändler machen). Streichen Sie die Holzleisten mit Imprägnierung.

2 Arrangieren Sie die Bretter auf einer ebenen Fläche aus, so wie sie an der Wand hängen sollen und streichen Sie sie zweimal mit Farbe.

3 Markieren Sie mit einer Wasserwaage eine horizontale Linie an der Wand, die die untere Kante der Holzleisten markiert.

4 Kleben Sie mehrere Stücke doppelseitiges Klebeband auf die Rückseite der Holzleisten.

5 Einen nach dem anderen klebt man die Streifen in unterschiedlichen Abständen an die Wand.

Die Farben des Regenbogens

Die Kombination der gewählten Farben wird die Wirkung des Bilds beeinflussen. Probieren Sie verschiedene Farbkombinationen aus, indem Sie die Farbbehälter nebeneinander arrangieren oder mit einem Farbfächer passende Töne auswählen. Blau- und Grau-Töne wirken kühl und ruhig, Orange, Zitronengelb und Grün dagegen spritzig. Wählen Sie Farben, die auch im Garten vorkommen oder einfach ihre persönlichen Lieblingsfarben.

Laternen-Ständer

Mit Kerzen und Laternenlichtern kann man den Garten schnell (und für wenig Geld) in ein magisches Licht tauchen. In kleinen Gärten, auf dem Balkon oder auf einer Terrasse fehlen oft passende Aufhängemöglichkeiten. Dieser freistehende Laternen-Ständer löst dieses Problem und bietet Platz für fünf kleine Laternen. Man kann gekaufte Laternen aufhängen oder wie wir eine hübsche Variante selbst basteln.

Schwierigkeitsgrad 2

Zeitbedarf 4 Stunden

Sie brauchen:

- 5 kleine schöne Glasgefäße
- Papier
- ablösbaren Kleber
- Sprühfarbe für Glas
- verzinkten Draht
- Aluminiumrohr, 2 m lang und 20 mm im Durchmesser
- Holzblock, etwa 40 x 15 x15 cm oder roher Holzstamm
- Holzsstab, 30 cm lang, 3 mm stark, in 5 gleichgroße Stücke geschnitten
- Silberfarbe

1 Zuerst werden die Gläschen dekoriert. Mit einem Geldstück als Schablone zeichnet man Kreise von etwa 35 mm Durchmesser auf ein Stück Papier.

2 Kleben Sie sieben Kreise auf jedes Glas. Achten Sie darauf, dass die Ränder glatt kleben.

3 Sprühen Sie jedes Glas mit der Glas-Sprühfarbe an.

4 Wenn die Farbe trocken ist, ziehen Sie die Kreise wieder ab.

5 Die Halterung für die Laternen bastelt man aus Draht. Dazu wickeln man ihn um die Öffnung und biegt das Ende zu einer Schlaufe zum Aufhängen um und verzwirbelt die Endstücke fest miteinander.

6 Jetzt kommt der Ständer an die Reihe. Bohren Sie mit einem 3-mm-Metallbohrer fünf Löcher im Abstand von 30 cm in den Aluminiumstab. In den Holzblock bohrt man im Winkel von 45° ein Loch von 20 mm Durchmesser, in das der Alustab gesteckt wird.

7 Malen Sie die Holzstäbchen mit Silberfarbe an und stecken Sie sie nach dem Trocknen in die Löcher im Alurohr. Hängen Sie die Laternen auf. Fertig.

Kiesel-Bild

Mosaik ist eine unempfindliche und robuste Kunst – ideal für den Garten. Kiesel werden meist als Bodenbelag für Wege oder Terrassen verwendet, man kann Sie aber auch an der Wand zur Verschönerung der Oberfläche nutzen. Wir haben einfarbige, polierte Flusskiesel in einem Wellenmuster verlegt, um eine rauen Gartenmauer aufzupeppen. Wir haben das Mosaik nicht direkt auf die Wand, sondern wie ein Bild in einen Holzrahmen geklebt.

Schwierigkeitsgrad 2

Zeitbedarf 3 Stunden, plus Trockenzeit

Sie brauchen:

- 30 x 50 cm Sperrholz
- Holzimprägnierung
- Holzleim (für außen)
- Holzleiste, 1,65 m lang, 32 mm breit
- Holzschutzfarbe
- 2 kleine Ösen
- etwa 50 cm verzinkten Draht
- Fliesenkleber (für außen)
- 4 kg schwarze und weiße Flusskiesel
- cremefarbene Fugenmasse (für außen)

1 Imprägnieren Sie das Sperrholz und kleben Sie dann die Holzleisten mit dem Leim an den Rand, um eine Art Tablett zu bauen. Gut trocknen lassen.

2 Streichen Sie das Tablett an den Leisten zweimal mit Holzfarbe und lassen sie das Ganze trocknen. Schrauben Sie die beiden Ösen an der Rückseite fest und fädeln Sie den Draht durch, an dem das Bild später an der Wand aufgehängt wird.

3 Zeichnen Sie eine Wellenlinie auf das Sperrholz, die das Belegen erleichtert. Streichen Sie etwas Fliesenkleber auf eine kleine Fläche und drücken Sie die Kiesel fest ein. Da die Kiesel relativ groß sind, muss man ziemlich viel Kleber nehmen.

4 Wenn der Fliesenkleber trocken ist, streicht man die Fugenmasse in die Zwischenräume. Mit einem Schwamm gut verteilen und in die Fugen drücken

5 Nach dem Trocknen die Kiesel mit einem Tuch polieren.

Glitzer-Ampel

Diese Kombination aus romantischen, duftenden Blüten, glitzernden Kristallperlen und funkelnden Kerzen in einer bepflanzten Blumenampel sorgt für eine festliche Stimmung bei einem intimen Gartendinner.

Schwierigkeitsgrad 1

Zeitbedarf 2 Stunden

Sie brauchen:

- schöne Blumenampel, 30 cm Durchmesser
- silberne Sprühfarbe
- 4 Teelichthalter
- verzinkten Draht
- Blumenampeleinlage
- Blumenerde
- 3 Zier-Tabak 'Saratoga Lime'
- 3 weißbunte Efeu
- Kristalltropfen
- Glasperlenkette

1 Schleifen Sie die Oberfläche der Blumenampel vorsichtig an und entfernen Sie den Staub. Dann wird der ganze Korb und die Außenseite der Einlage mit Silberfarbe besprüht. Wenn der Korb dabei hängt, geht das viel leichter.

2 Wenn der Korb trocken ist, wickelt man den Draht um die Teelichter und befestigt sie damit am Korb. Die Enden verzwirbelt man, damit es hält.

3 Legen Sie die Einlage mit der silbernen Seite nach außen in den Korb und füllen Sie ihn zu drei Vierteln mit Blumenerde.

4 Lösen Sie die Pflanzen vorsichtig aus den Töpfen und arrangieren Sie sie in der Blumenampel. Gut andrücken und durchdringend angießen.

5 Zum Schluss schlingt man die Glasperelenkette locker um die Ampel. Die Kristalltropfen hängt man um den Korb herum, damit sie im Licht funkeln.

Schnelle Ideen

RECHTS Große Glasvasen ergeben eindrucksvolle Windlichter. Füllen Sie Muschelbruch, Glasperlen oder Kiesel auf den Boden, damit die Kerzen nicht umkippen und stellen Sie sie entlang des Eingangsweges oder zwischen den Pflanzen auf, um Ihre Gäste zu begrüßen.

UNTEN Vogelbad deluxe! Diese farbintensive Glas-Schale (aus der Küche) ergibt ein ungewöhnliches Vogelbad und bringt Farbe in den Garten. Die zartrosa Akeleien passen pefekt dazu.

RECHTS Laternen aus einem Kürbis kann man auch schon vor Halloween aufhängen. Schneiden Sie geometrische Formen statt eines Gesichts in die ausgehöhlte Frucht und fertig ist ein Kerzenlicht für jede Gelegenheit.

OBEN Es sind die kleinen Dinge, die einen Garten individuell machen. Diese zarten Kristalle werfen tanzende Lichtreflexe auf die Umgebung. Einfach und doch genial für eine Gartenparty oder um einen Baum, der geblüht hat, aufzupeppen.

OBEN Mit Spiegeln kann man Licht in dunkle Gartenecken bringen. Ein bunter Rahmen umgibt den Spiegel und macht ihn als solchen erkennbar. Wenn man den Rahmen weglässt, und den Spiegel zwischen Pflanzen platziert, erweitert er den Garten. Man kann Sichtachsen und geheimnisvolle Gartenecken schaffen, die es in Wirklichkeit gar nicht gibt.

OBEN RECHTS Wenn die Sonne durch diese Vasen scheint, entstehen im Garten faszinierende Lichteffekte.

OBEN Mit seinen kräftigen, zum Spalier passenden Farben bringt dieses abstrakte Kunstwerk Leben in den Sitzplatz. Mit Acrylfarben auf einem Stück Sperrholz kann man diesen Effekt leicht selber nachmachen.

LINKS Ein einfaches Arrangement aus drei Spotstrahlern zwischen eleganten Ziergräsern sorgt für einen attraktiven Show-Effekt.

Schnelle Ideen

UNTEN An den spitzen Enden von Haltestäben kann man sich leicht verletzen, da sie im grünen Dickicht nur schwer zu erkennen sind. Durch darübergestülpte bunte Glasflaschen macht man aus der Not eine Tugend und entschärft die Gefahr im Handumdrehen.

OBEN Während vieler Dienstjahre im Garten sind diese alten Gießkannen von einer wunderschönen Patina überzogen worden. Viele Alltagsgegenstände kann man so mit etwas Fantasie hübsch gruppieren.

RECHTS Eine einfache und attraktive Einfassung trennt Pflanzbeet und Gartenweg. So wirkt der Garten strukturiert. Solche Einfassungen müssen nicht aufwändig gebaut sein, das Beispiel zeigt, dass man auch mit einfachen Steinplatten tolle Effekte erzielen kann.

LINKS Natursteinplatten haben einen rohen, natürlichen Charme und fügen sich wie von selbst in den Garten ein. Die sonnengebleichten Muschelschalen sind einfach aus Spaß am Dekorieren in die Erde gesteckt. Eine Erinnerung an den letzten Strandurlaub.

GANZ LINKS und LINKS Wege braucht man im Garten, um von einem Ort zum anderen zu kommen. Sie müssen aber nicht immer eben und gepflastert sein. Die Muschelschalen knirschen herrlich beim Darüberlaufen und halten auch noch Schnecken fern.
Die mit der Stirnseite nach oben verlegten Holzstämme und -bohlen schaffen eine glatte, belastbare Oberfläche mit einer interessanten Struktur.

OBEN Ohne großen Aufwand wird aus diesen am Strand gesammelten Muscheln und Glaskugeln, die an einem Pfosten aufgehängt wurden, ein dekoratives Gartenaccessoire.

OBEN und RECHTS Mit jedem einzigartigen Fundstück, jedem verwitterten Holzpfosten, der in den Boden geschlagen wird, gewinnt ein verwilderter Gartenteil an Charme.

DOMATES SALÇASI

Pflanzen in Szene setzen

Die verschiedenen Farben der Blätter und Blüten machen einen Garten erst aus und füllen ihn mit Leben. Nur in sehr avantgardistischen (oder völlig vernachlässigten) Gärten wachsen manchmal keine Pflanzen. Eigentlich möchte jeder im Garten von üppigen Pflanzen umgeben sein, aber nicht die ganze Freizeit mit deren Pflege verbringen. Der Trick liegt darin, die Gehölze, Stauden und anderen Blumen so zu pflanzen, das sie nach dem Anwachsen nur wenig Pflege brauchen und trotzdem fantastisch aussehen. Egal, ob man üppig blühende Staudenrabatten, natürlich wirkende Wildstaudenpflanzungen oder ein paar exklusive Kübelpflanzen auf der Terrasse platzieren möchte: In diesem Kapitel finden Sie interessante, ungewöhnliche und überraschende Vorschläge und Ideen.

Architektonische Wasserpflanzen

Schwierigkeitsgrad 1

Zeitbedarf 1 Stunde

Sie brauchen:

3 große Glasvasen

Kieselsteine

3 Papyrus- oder andere Sumpfpflanzen

Auffällige Wasser- oder Sumpfpflanzen kann man in Glasvasen, die mit Kieselsteinen aufgefüllt wurden, perfekt in Szene setzen. Der elegante, architektonische Wuchs von Papyrus *(Cyperus papyrus)* passt besonders gut zu diesem Arrangement, aber auch andere Pflanzen sind geeignet.

1 Füllen Sie jede Vase zur Hälfte mit Wasser und legen Sie eine 5 bis 7 cm hohe Schicht Kieselsteine auf den Boden der Vase.

2 Setzen Sie die Papyruspflanze vorsichtig mit dem Topf ein, ohne dass Erde aufschwämmt. Dann legt man Kiesel zwischen Glas und Topf.

3 Legen Sie noch eine Schicht Kiesel auf die Topfoberfläche. Vorsichtig mit Wasser aufüllen.

Schwierigkeitsgrad 2

Zeitbedarf 2,5 Stunden

Sie brauchen:

verzinkten Mülleimer

für die Dränage: Tonscherben oder Kiesel

Blumenerde

Gemüse und Kräuter (siehe Seite 107)

Gemüse-Turm

Gemüse, Obst und Kräuter schmecken am besten, wenn man sie frisch im Garten ernten kann. Leider haben nur wenige Menschen Zeit, Platz und Muße, einen ganzen Küchengarten zu unterhalten. Alternativ kann man auch nur einige Lieblingssorten in einen großen Kübel pflanzen. Die Ernte wird zwar nicht riesig sein, aber da der Aufwand minimal ist, lohnt es sich trotzdem. Ein großer Kübel mit Pflanzlöchern an den Seiten schafft Platz für jede Menge verschiedene Pflanzen.

2 Um die Pflanzlöcher anzuzeichnen, markiert man mit einem Becher die Kreise – am besten mit einem wasserfesten Stift.

3 Schneiden Sie die Löcher aus, indem Sie mit einer Bohrmaschine ein Loch innerhalb des markierten Kreises bohren und dann mit einer Stichsäge das Loch ausschneiden. Vorsicht: Die Kanten sind sehr scharf!

1 Schlagen Sie mit Hammer und einem Nagel mehrere Wasserabzugslöcher in den Boden des Mülleimers.

4 Man bepflanzt den Eimer dort, wo er endgültig aufgestellt wird, denn aufgefüllt wird er sehr schwer. Füllen Sie eine Schicht Dränage und Blumenerde bis zum untersten Pflanzloch ein.

5 Nehmen Sie eine Pflanze aus dem Topf und drücken Sie den Ballen in das Pflanzloch. Drücken Sie die Blumenerde um den Ballen an und füllen Sie eine weitere Schicht Erde in den Eimer bis zum nächsten Loch. So wird Schritt für Schritt der ganze Container bepflanzt. Oben setzt man noch weitere Pflanzen ein. Bei sehr kleinen Pflanzen kann man ein Stück schwarze Folie von innen vor das Loch legen und die Pflanze durch einen kleinen Schlitz stecken.

Pflege

Die meisten Gemüsepflanzen und Kräuter bevorzugen einen sonnigen Standort und gleichmäßig feuchten Boden. Nach ein paar Wochen ist der Düngevorrat in der Erde aufgebraucht. Dann gibt man einen Volldünger in der Dosierung, wie auf der Packung angegeben. Wenn man vor dem Pflanzen Langzeitdünger in die Erde mischt, reduziert sich der Pflegeaufwand noch weiter.

Kräuter und Gemüse

In einen solchen Pflanzkübel kann man unzählige verschiedene Pflanzen setzen. Wir haben uns für zwei Tomatensorten ('Tumbling Tom Yellow' und 'Totem', eine Buschtomate), Chili 'Apache', Balkon-Paprika, Erdbeeren 'Elsanta', Oregano, Koriander und Rotes Basilikum entschieden. Erdbeeren und sonnenhungrige Kräuter, wie Thymian und Basilikum, gedeihen besonders gut in den Pflanzlöchern. Man kann verschiedene Paprika-Sorten, Auberginen, Chili, Kürbisse oder Zucchini pflanzen. Letztere können aber durch ihre großen Blätter andere Pflanzen beschatten. Strauchtomaten kann man oben einsetzen, sie brauchen aber einen Haltestab. Schnittsalate kann man direkt aussäen.

Schwierigkeitsgrad 1

Zeitbedarf 2 Stunden

Sie brauchen:

- Draht
- Pflanzschale, 50 x 30 cm
- 6 Schlangenbart (*Ophiopogon planiscapus* 'Nigrescens')
- 6 Blauschwingel (*Festuca glauca* 'Elijah Blue')
- Blumenerde
- Unkraut unterdrückende Folie, 50 x 30 cm
- verzinktes Drahtnetz, etwas größer als die Pflanzschale

Pflanzen-Bild

Für diese senkrecht aufgehängte Skulptur haben wir zwei Pflanzen mit ungewöhnlichen Blattfarben und Wuchsformen kombiniert. So wird eine graue Mauer oder ein langweiliger Zaun aufgepeppt. Beide Pflanzenarten sind immergrün und brauchen wenig Pflege. Nur gießen muss man sie natürlich – dazu nimmt man die Schale ab.

1 Fädeln Sie einen Draht durch zwei der Dränagelöcher in der Schale und verzwirbeln Sie die Enden zu einer Schlaufe.

2 Nehmen Sie die Pflanzen aus den Töpfen und setzen Sie sie vier Streifen von je drei Pflanzen derselben Art in die Schale. In die Zwischenräume füllt man Blumenerde.

3 Schneiden Sie die Folie zu und schneiden Sie dann kreuzförmige Schlitze für die Pflanzen ein. Drücken Sie die Folie dicht an die Basis der Pflanzen. Wiederholen Sie das Ganze mit dem Drahtnetz. In den Rand der Schale bohrt man kleine Löcher, durch die man den Draht zieht, mit dem das Netz fest an der Schale befestigt werden kann. Die Pflanzen sollten für einige Wochen normal anwachsen können und sich mit ihren Wurzeln in der Schale verankern, bevor man das Bild senkrecht an eine Wand oder einen Zaun hängt.

Thymian-Herz

Duftend, reichblühend und robust: Thymian ist ideal für diese ungewöhnliche Pflanzenform. Das hübsche romantische Herz kann man an einem Baum oder einer Pergola aufhängen. Wenn man eine Seite nicht bepflanzt, kann es auch an einer Mauer hängen. Damit das Herz in Form bleibt, schneidet man den Thymian nach der Blüte zurück.

Schwierigkeitsgrad 1

Zeitbedarf 2 Stunden

Sie brauchen:

- ein großes Blatt Papier
- verzinkten Vierkant-Maschendraht, 30 x 80 cm
- Sackleinen, 30 x 80 cm
- Blumenerde
- 25 Thymianstecklinge oder Jungpflanzen
- kurzes Stück Draht

1 Zeichnen Sie ein Herz, etwa 30 cm breit und 40 cm hoch, auf ein Blatt Papier. Entlang dieser Vorlage werden zwei Herzen aus dem Maschendraht geschnitten. Vorsicht vor den spitzen Enden!

2 Anschließend schneidet man zwei weitere Herzen aus dem Sackleinen aus.

3 Legen Sie die beiden Sackleinen-Herzen zwischen die Draht-Herzen und biegen Sie die Kanten um, damit alles gut zusammenhält. An einer Stelle eine Öffnung von 10 cm lassen.

4 Befüllen Sie das Herz durch die Öffnung mit Blumenerde, sodass es eine leicht gewölbte Kissenform annimmt. Jetzt kann man auch den Draht an der Öffnung umbiegen, damit das Herz rundum geschlossen ist.

5 Schneiden Sie einen kleinen Schlitz in den Draht (mit einer Drahtschere oder Zange) und mit einer Schere ein Loch in das Sackleinen darunter.

6 Setzen Sie die Pflänzchen in die Löcher, eins nach dem anderen und schließen Sie das Sackleinen und den Draht vorsichtig, damit es fest sitzt. Vorsichtig, aber durchdringend, angießen. An einer Drahtschlaufe kann man es dann aufhängen.

Stauden-Wiese

Schwierigkeitsgrad 2

Zeitbedarf variabel, abhängig von der Fläche

Sie brauchen:

3 bis 4 Stauden in 9 cm-Töpfen pro Quadratmeter Rasen

Pflanzenvorschlag:

Skabiose *(Scabiosa caucasica)*

Schafgarbe *(Achillea filipendulina)*

Kugeldistel *(Echinops)*

Wiesen-Witwenblume (*Knautia* 'Melton Pastels')

Sonnenhut *(Echinacea)*

Ein Stück Rasen ist relativ langweilig und kein besonderer Hingucker. Und trotzdem ziemlich aufwändig zu pflegen. Wenn man aber in den Rasen ein paar Stauden setzt, braucht man von vom Frühling bis zum Herbst kaum noch etwas zu tun, denn der Rasen wird durch eine wiesenartige Blumenpflanzung ersetzt. Die Samenstände der Gräser und die Blüten der Stauden sehen im Lauf der Jahreszeiten immer wieder anders aus.

1 Verteilen Sie alle Pflanzen über die Rasenfläche,die Sie bepflanzen wollen. Die Abstände zwischen den Pflanzen sollten recht zufällig sein, drei bis vier Töpfe pro Quadratmeter reichen.

2 Zur Pflanzung sticht man ein Stück Rasensode aus und gräbt ein Loch, das etwas größer als der Topf ist. Nehmen Sie die Pflanze aus dem Topf, setzen Sie sie vorsichtig in das Loch und drücken Sie den Wurzelballen an.

Pflege

Im frühen Herbst wird die ganze Fläche mit einer (Motor-)Sense und dann noch einmal mit dem Rasenmäher (höchste Schnittstufe) gemäht. Das Gras erholt sich sehr schnell und sieht über den Winter wie ein normaler Rasen aus. Im nächsten Sommer erscheinen dann wieder Massen von Blüten. Man kann die Samenstände auch über den Winter stehen lassen und sich an ihrer filigranen Schönheit, in Raureif und Wintersonnenlicht getaucht, erfreuen.

Mobiles Obstspalier

Dieses mobile Obstspalier kann auf seinen (unsichtbaren) Rollen leicht auf der Terrasse verschoben werden – immer genau dahin, wo man es haben möchte, um als Schattenspender, Sicht- oder Windschutz zu dienen. Wir haben in den Kübel einen alten Weinstock und Erdbeeren gesetzt, man kann aber auch reichblühende Kletterpflanzen und Sommerblumen pflanzen, wenn man das lieber mag und sich eher an bunten Blüten erfreut.

Schwierigkeitsgrad 3

Zeitbedarf 8 Stunden

Sie brauchen:

- Holzbretter, 25 x 265 mm Querschnitt 4 x je 1,20 m lang, 4 x 50 cm lang
- Kantholz, 32 x 32 mm Querschnitt 2,10 m lang
- Schrauben (38 mm)
- Sperrholz, 120 cm x 50 cm
- 2 Holzleisten, 25 x 50 mm Querschnitt 1,90 m lang
- etwa 14 Holzleisten, 32 x 12 mm Querschnitt 1,20 m lang (siehe Schritt 8)
- Schrauben (20 mm)
- 4 Möbelrollen
- Holzschutzlasur
- Teichfolie, 2,10 x 1,10 m

1 Zuerst schneiden Sie die Holzplanken zu (oder lassen das im Baumarkt machen). Sie brauchen vier 1,20 m lange Bretter und für die Seiten des Kübels vier 50 cm lange Bretter.

2 Mit einem 6-mm-Bohrer werden drei gleichmäßig platzierte Löcher (mit Kopfsenker) am Ende der Bretter gebohrt. Der Abstand von der Kante beträgt bei den kurzen Brettern 2 cm, bei den langen 4 cm.

3 Mit einer Handsäge schneidet man die 32 x 32 mm-Kanthölzer in vier 52 cm lange Stücke. Sie bilden die Innenecken.

4 Jetzt wird die erste Seite des Kübels gebaut. Mit den 3,8 mm starken Schrauben befestigt man zwei der kurzen (50 cm) Bretter am einem der 52 cm langen Kanthölzer. Achten Sie darauf, dass die Kanten glatt abschließen. Schrauben Sie an der anderen Seite ein zweites Kantholz an und wiederholen Sie die Prozedur mit den anderen beiden kurzen Brettern für die zweite Seite.

5 Stellen Sie die Seitenteile auf die Kante und schrauben Sie zwei der 1,20 m langen Bretter an. Die Kanten müssen bündig sein. Dann drehen Sie das Ganze um und wiederholen schrauben die Rückseite an.

6 Stellen Sie die Wände des Pflanzkübels auf die Sperrholzplatte und markieren Sie die Innenkanten mit einem Bleistift. Bohren Sie acht Löcher (25 mm Durchmesser) zur Dränage in den Boden. Messen Sie die Höhe der Rollen (inklusive Befestigung) und markieren Sie unten an der Innenseite des Kübels eine Linie, die 1 cm niedriger liegt, als die Rollenhöhe. Schrauben Sie die 32 mm starke Holzleiste an die Innenseiten, sodass die untere Kante an der Markierung liegt. Jetzt wird der Boden eingesetzt und festgeschraubt. Drehen Sie den Pflanzkübel um, um die Rollen anzuschrauben.

7 Für das Spalier schrauben Sie die beiden 1,90 m langen Leisten an der hinteren Innenseite 40 cm von den Ecken des Kübels fest (mit den 3,8 mm starken Schrauben). Sie sollten exakt senkrecht sein. Schneiden Sie sich ein Stück Holz auf 10 cm Länge und benutzen Sie dieses zum Abmessen der Position der Querstreben. Mit den 20 mm langen Schrauben werden diese nun im Abstand von 10 cm an die senkrechten Leisten geschraubt. Mit zusätzlichen Leisten in den Zwischenräumen kann man Gruppen von drei oder fünf Streben schaffen. Streichen Sie das Holz zweimal mit Holzschutzfarbe und schlagen Sie die Innenseiten, wenn die Farbe getrocknet ist, mit der Teichfolie aus. Die Dränagelöcher schneidet man frei.

Pflanzpläne zum Nachmachen

Ein Pflanzbeet komplett neu anzulegen, ist nicht ganz einfach, wenn man die Pflanzen so kombinieren will, dass ein bestimmter Effekt entsteht. Eine gute Gestaltung zeichnet sich dadurch aus, dass „weniger oft mehr" ist und man, zumindest am Anfang, lieber kopieren, als selbst anlegen sollte. Unsere einfach nachzumachenden Pflanzpläne sind individuell und lassen sich beliebig oft wiederholen, wenn man ein längeres Beet bepflanzen möchte. So bekommt die Rabatte eine ruhige Struktur. Wenn Sie in der Breite mehr Platz haben als in den Beispielen vorgesehen, erhöhen Sie einfach die Anzahl der Pflanzen in jeder Gruppe, um die benötigte Tiefe zu erreichen.

ELEGANTES BLAU UND GELB

In diesem Beet werden Ziergräser und Stauden kombiniert, um einen fließenden, natürlichen Effeket zu erzielen. Die Pflanzung entwickelt sich den ganzen Sommer und erreicht den Höhepunkt ihrer Pracht im Spätsommer. Die Gräser und Samenstände können im Winter auf dem Beet bleiben und bieten, mit Raureif überzogen, einen fantastischen Anblick. Sie können zwischen die Pflanzen noch Zwiebelblumen setzen, die im Frühling die ersten Farbtupfer in den Garten bringen. Zuverlässige Frühlingsblüher, die zu dieser Pflanzung passen, sind *Narcissus* 'Yellow Cheerfulness', *Tulipa* 'Montecarlo', *Muscari latifolium* und *Crocus* 'Gypsy Girl'.

Pflanzenliste
für ein Beet mit 2,5 m x 2 m

3 *Achillea* 'Inca Gold' (A)
2 *Stipa tenacissima* 'Pony Tails' (B)
5 *Echinacea purpurea* 'Alba' (C)
oder 5 *Salvia* (C)
5 *Viola cornuta* (D)
5 *Festuca glauca* 'Elijah Blue' (E)
1 *Hemerocallis* 'Happy Returns' (F)
3 *Campanula glomerata* 'Superba' (G)
5 *Eragrostis curvula* 'Totnes Burgundy' (H)

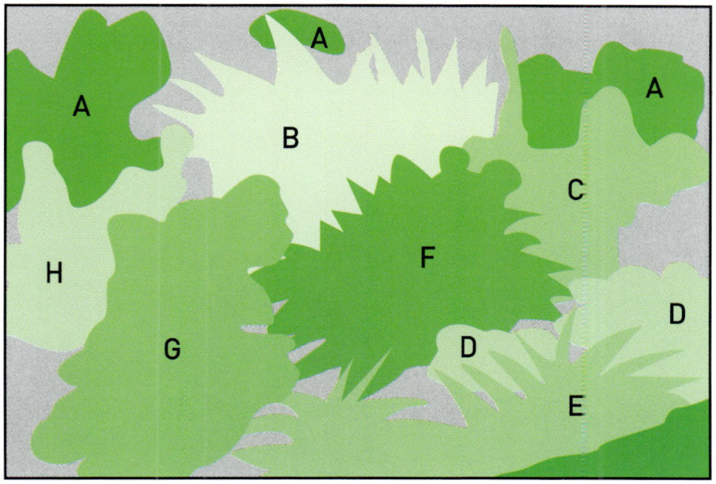

Pflanzenliste
für ein Beet mit 2,5 m x 2 m

3 *Corylus purpurea* 'Maxima' (A)

7 *Crocosmia* 'Lucifer' (B)

3 *Macleaya cordata* (C)

3 *Carex* 'Bowles Golden' (D)

3 *Rheum palmatum* 'Ace of Hearts' (E)

6 *Papaver* 'Ladybird' (F)

3 *Lobelia* 'Queen Victoria' (G)

Potentilla (H)

3 *Dahlia* 'Bishop of Llandaff' (I)

WARMES ROT

Dieses Pflanzbeet mit seinen warmen leuchtenen Rot-Tönen wirkt noch beeindruckender, wenn man das Schema öfters wiederholt. Wenn die Pflanzen eingewachsen sind, hat man den ganzen Sommer Blüten-Highlights und auch im Herbst und Winter sorgen die Samenkapseln der Montbretien *(Crocosmia)* und des Orientalischen Mohns *(Papaver)* für Akzente. Um im Frühling Farbe ins Beet zu bekommen, setzt man rote Papagei-Tulpen 'Rococo' und die tiefrote Tulpe 'Red Wing' zwischen die Stauden im Vordergrund des Beets. Bei unserem Beispiel bilden eine rotblättrige Hasel (*Corylus purpurea* 'Maxima') und Federmohn *(Macleaya cordata)* den Hintergrund, aber jede dunkelgrüne Hecke ist ebenso geeignet.

Pflanzenliste
für ein Beet mit 2,5 m x 2 m

30 *Tulipa* 'White Triumphator' (A)
1 *Myrrhis odorata* (B)
1 *Crambe cordifolia* (C)
3 *Dicentra spectabilis* 'Alba' (D)
1 *Matteuccia struthiopteris* (E)
3 *Pulmonaria* 'Sissinghurst White' (F)
3 *Lamium* 'White Nancy' (G)
10 *Galium odorata* (H)
2 *Buxus sempervirens* (I)
2 *Hosta* 'Francis Williams' (J)
3 *Narcissus* 'Geranium' (K)
10 *Tulipa* 'Spring Greens' (L)

WEISS UND GRÜN IM FRÜHLING

Bei dieser Frühlingspflanzung wird die Farbe Weiß geschickt eingesetzt, um Licht in schattige Ecken zu bringen. Die weißen Blüten leuchten zwischen den verschiedenen Grün-Tönen und sorgen zwischen den verschiedenen weiß-grün panaschierten Blattpflanzen für zarte Akzente. Die Kombination formal geschnittener Buchskugeln mit den locker wachsenden Stauden und Farnen sorgt das ganze Jahr über für einen interessanten Aspekt. Auch andere Blattschmuckstauden bleiben ganzjährig schön. Will man im Sommer noch Blüten haben, so kann man aus der Vielzahl der schattenverträglichen Storchschnabelarten *(Geranium)* wählen und diese mit den aufrechten Blütenkerzen des weißen Fingerhuts (*Digitalis purpurea* 'Alba') und den duftigen Blütendolden des Meerkohls *(Crambe cordifolia)* kombinieren.

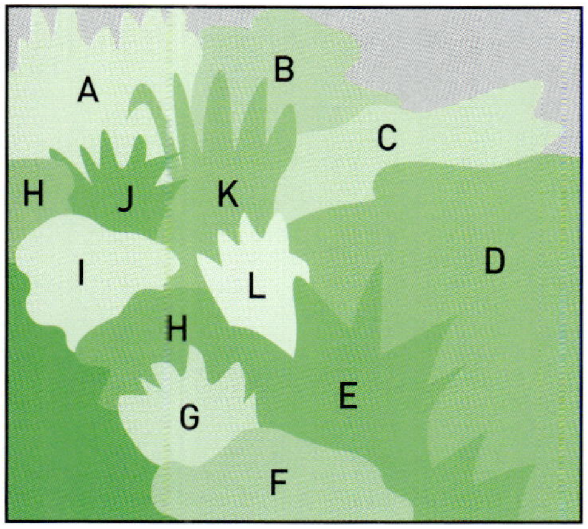

Wildblumen-Beet

Schwierigkeitsgrad 1

Zeitbedarf variabel, abhängig von der Fläche

Sie brauchen:

Wildstauden als Jungpflanzen oder in 9 cm-Töpfen

Normalerweise reichen 5 bis 6 Pflanzen pro Quadratmeter. Fragen Sie beim Gärtner nach der optimalen Pflanzdichte der ausgewählten Sorten.

Mit Wildstauden kann man Farbe in langweilige Rasenflächen bringen. Wenn Sie heimische Pflanzen wählen, die in ihrer Gegend natürlich vorkommen und optimal an den Boden angepasst sind, werden sie kaum Pflege brauchen und trotzdem üppig wachsen. Während der Anwachsphase muss gelegentlich gewässert werden, das ist aber schon alles. Abgesehen von der Unempfindlichkeit der Wildstauden und der eleganten Schönheit ihrer Blüten liegt ein weiterer Vorteil eines Wildblumen-Beets darin, dass es kein Unkraut gibt. Alle von allein dazukommenden Pflanzen sind eine willkommene Bereicherung des Beets. Ein Wildblumen-Beet ist ideal für den etwas „rebellischen“ Gärtner, der vom Frühling bis in den Herbst Blüten genießen möchte und nur ein- oder zweimal im Jahr mit der Sense den Wuchs in seine Schranken verweist. Die üppigen Pflanzungen ziehen Insekten, Vögel und andere Tiere an. Die Blumen säen sich von allein aus und mit der Zeit werden sich die Arten, die am besten an den Standort angepasst sind, durchsetzen. Nur in wenigen Fällen wird man in dieses natürliche Auf und Ab eingreifen müssen. Die Schwankungen gehören zum Lauf der Natur.

1 Markieren Sie die Umrisse des Beets mit einer Schnur.

2 Entfernen Sie die oberste Bodenschicht, da viele Wildblumen nicht so gut in stark gedüngten Böden wachsen. Mit Sand kann man den Boden zusätzlich abmagern.

3 Verteilen Sie die Pflanzen in Gruppen von fünf bis sieben Exemplaren auf der Fläche. Wenn man das Beet nur von einer Seite betrachtet, setzt man höher wachsende Arten nach hinten und einige wenige als Akzent nach vorne. Aber auch eine wellenförmige Höhenstufung ist attraktiv.

4 Wenn man mit der Anordnung zufrieden ist, nimmt man die Pflanzen aus den Töpfen und pflanzt sie an den vorgesehenen Stellen ein.

Schnelle Ideen

LINKS Mit einem kleinen Stoffrest und etwas Bast kann man einen wenig attraktiven Plastiktopf verschönern. Wickeln Sie den Stoff um den Topf, schlagen Sie die Enden um und binden Sie den Stoff mit Bast oder einem Band fest.

UNTEN LINKS Mit farblich passendem Stoff kombiniert, wird aus einer einfachen Topfblume der Mittelpunkt einer Tischdekoration, Fensterbank oder Türschwelle. Ideal auch als Geschenkverpackung.

UNTEN Fast jedes Gefäß kann als Pflanzbehältnis umfunktioniert werden. Hier ein Körbchen, mit durchlöcherter Plastikfolie ausgelegt und mit Hyazinthen, Stiefmütterchen und Efeu bepflanzt.

LINKS Wenn der Platz begrenzt ist, kann man Pflanzgefäße auch an die Wand hängen. Kräuter sind dafür ideal und man hat beim Grillen auf diese Weise immer ein paar frische, aromatisch duftende Zweige zum Würzen in greifbarer Nähe.

OBEN und LINKS Das dauernde Gießen von Kübelpflanzen kann manchmal lästig sein. Versuchen Sie es doch einmal mit Sukkulenten, wie Rosettendickblatt, Echeverien oder Hauswurz-Arten. Da sie an Trockenzeiten angepasst sind, braucht man sie nicht so häufig gießen.

SCHNELLE IDEEN

LINKS und UNTEN LINKS Tomaten und Erdbeeren kann man gut in Blumenampeln oder Hanging Baskets pflanzen. Regelmäßig gegossen und gedüngt sorgt eine einzige Ampel für Farbkaskaden und reiche Ernten.

UNTEN Selbst aus einer alten Konservendose kann man einen attraktiven Pflanztopf basteln. Hier haben wir Petunien an einen Flechtzaun gehängt. Wenn man recycelte Gegenstände mit etwas Fantasie betrachtet, wird man unzählige Möglichkeiten für kreative Pflanzgefäße entdecken.

OBEN Aus Lattenresten kann man schöne Pflanzetiketten basteln. Wir haben ein Stück Holz mit bunter Farbe angemalt und mit wasserfestem Stift beschriftet.

GANZ RECHTS Flache Schalen, mit Blumenzwiebeln gefüllt, sorgen für saisonale Farbtupfer. Im Herbst gepflanzt, brauchen Sie im Winter praktisch keine Pflege. Wenn Sie keine Zwiebeln mehr bekommen, kaufen Sie einfach bühende Zwiebelblumen im Gartencenter und setzen Sie sie in ihre Schale.

RECHTS Verdoppeln Sie die Wirkung einer Pflanze, indem Sie Spiegel-Fliesen darunter legen. In Kombination mit dem Kiesbett entstehen immer neue Licht- und Spiegeleffekte.

OBEN Pflanzenetiketten müssen nicht klein, hässlich und aus Plastik sein. Man kann sie als Gartenaccessoire einsetzen Diese blaue Glasflasche mit dem weißen Schrift ist kaum zu übersehen und sieht im Gegenlicht einfach umwerfend aus.

Spiel und Spaß

Im Freien zu spielen und zu toben ist für die Entwicklung jedes Kinds ungeheuer wichtig. Sie lernen so ihre Fähigkeiten, Kreativität und Grenzen kennen, ohne durch Wände, Türen und Möbel eingeschränkt zu sein. In einen Familiengarten gehören deshalb Spielgeräte und Plätze, an denen sich Kinder entfalten können. Wenn in einem Garten Kinder spielen, muss man aber nicht nur für genügend Spielgeräte sorgen, man darf auch im ganzen Garten den Sicherheitsaspekt nicht vernachlässigen. Spielen Kinder unbeaufsichtigt im Garten, muss dieser sicher und frei von möglichen Gefahren, wie einem Gartenteich, herumliegenden Werkzeugen, Pflanzenschutz- und Düngemitteln und giftigen Pflanzen, sein. Gestalten Sie Ihren Garten kindersicher, ohne dass er langweilig wird – das gibt Ihren Kindern mehr Freiheit und Sie können sich leichter entspannen und erholen.

Blumen-Schaukel

Diese Kinderschaukel in Form einer Blume ist einfach bezaubernd und für Kinder ab drei Jahren und älter geeignet. Zusätzlich sorgt sie für einen Farbtupfer im Garten.
Wenn man die Blumen ausgesägt und die Kanten abgeschmirgelt hat, können ältere Kinder auch selbst zum Pinsel greifen.

Schwierigkeitsgrad 2

Zeitbedarf 2 Stunden, plus Trockenzeit

Sie brauchen:

- Sperrholz (12 mm) oder Multiplex (12 mm)
- pro Schaukel benötigen Sie eine quadratische Platte von etwa 40 bis 45 cm Kantenlänge
- Acrylfarbe
- stabiles Seil

1 Malen Sie eine einfache Blume auf das Sperrholz. Der Durchmesser sollte etwa 40 cm betragen. Freihändig gezeichnete Blumen sind genauso schön wie mit einer Schablone angefertigte Motive.

2 Schneiden Sie die Blume mit einer Stichsäge aus. Die Kanten muss man mit Schmirgelpapier glatt schleifen und alle Splitter entfernen.

3 Mit einem 10-mm-Bohrer wird in die Mitte der Blume ein Loch gebohrt. Kanten wieder glatt schmirgeln.

4 Die Blume zweimal mit Farbe streichen und gut trocknen lassen.

5 Machen Sie einen Knoten in das eine Ende des Seils und fädeln Sie es durch das Loch.

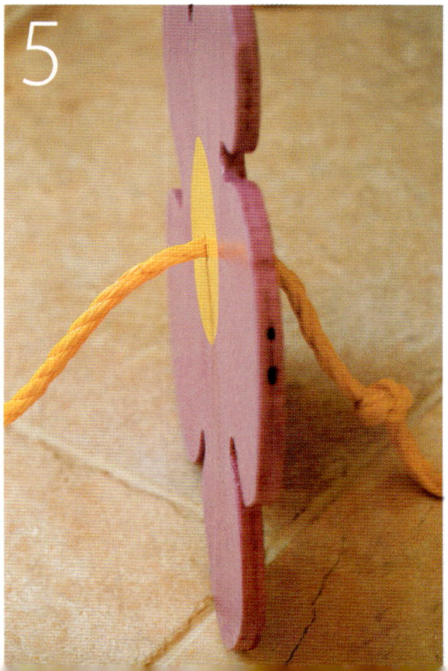

6 Nun muss man die Blumenschaukel nur noch aufhängen. Die Höhe muss so gewählt werden, dass die Kinder leicht auf und absteigen können und die Schaukel frei schwingen kann.

Hänge-Zelt

Kein Kind kann der Verlockung dieses Hänge-Verstecks widerstehen. Obwohl sich das Zelt immer bewegt und schaukelt fühlen sich Kinder im Innern sicher und geborgen. Das Hänge-Zelt sollte nicht zu hoch aufgehängt werden, gerade so, dass die Kinder bequem hinein- und herausklettern können.

Schwierigkeitsgrad 2

Zeitbedarf 4 Stunden

Sie brauchen:

- Sperrholz 120 cm im Quadrat, 12 mm stark
- mindestens 12 m Seil, 8 mm stark (die genaue Länge hängt von der Aufhängehöhe des Zelts ab)
- Zeltstoff 2 m x 178 cm
- Nähgarn
- 23 Ösen, 15 mm Durchmesser
- etwa 6 m Nylonkordel

1 Binden Sie einen Bleistift an eine 60 cm lange Schnur und stecken Sie das eine Ende mit einer Nadel in die Mitte der Sperrholzplatte. Wie mit einem Zirkel markiert man einen Kreis. Anschließend sägt man den Kreis mit einer Stichsäge aus und bohrt fünf gleichmäßig verteilte Löcher von 10 mm Durchmesser 2 cm vom Rand entfernt in die Scheibe.

2 Schneiden Sie das Seil in fünf 2,50 m lange Stücke und fädeln Sie diese durch die Löcher. Damit sie nicht durchrutschen, macht man jeweils einen Knoten unter der Platte. In einer Höhe von etwa 1,30 m verknotet man alle Seile. Mit dem Rest des Seils kann das Zelt an einem stabilen Ast aufgehängt werden.

3 Legen Sie den Zeltstoff auf eine ebene Fläche und markieren Sie einen Punkt 132 cm von der Ecke an der längeren Seite entfernt und einen zweiten an der gegenüberliegenden Kante im Abstand von 66 cm von der anderen Ecke. Verbinden Sie die beiden Punkte und zeichnen Sie zwei weitere Linien von den Punkten zu den näheren Ecken des Stoffs. Nun haben Sie vier ineinandergeschobene Dreiecke (die beiden äußeren sind rechtwinklich und genau halb so breit wie die großen). Schneiden Sie die Dreiecke aus und nähen Sie die beiden größeren an einer langen Kante zusammen und die beiden kleineren an die Seiten der großen. An allen Außenkanten werden im Abstand von 20 bis 30 cm Ösen befestigt. Die Webkante faltet man vor dem Nieten um. Hüllen Sie das Zelt um die Holzplatte und fädeln Sie ein Stück Nylonkordel durch die obersten Ösen, damit das Zelt über dem Knoten der Seile hält.

4 Fädeln Sie ein Stück Nylonkordel durch die Ösen am unteren Rand und ziehen Sie die Basis des Zelts fest um die Plattform zusammen. Mit einem festen Knoten fixieren. Die Front bleibt offen.

Schwierigkeitsgrad 3

Zeitbedarf variabel, abhängig von der Größe

Sie brauchen:

- Holz (siehe Liste auf Seite 139)
- etwas Schotter
- Beton
- Schlossschrauben, Gewindestangen und Bolzenschrauben
- Tor und Scharniere (wenn benötigt)
- Leiter (Stehleiter, Strickleiter, Kletternetz)
- Holzschutzlasur

Baumhaus

Ein Baumhaus ist das Größte für Kinder und Erwachsene. Baumhäuser gibt es in so vielfältigen Formen wie die Bäume, an und in denen Sie gebaut werden. Angefangen von kleinen, provisorischen Plattformen, die zwischen zwei starken Ästen ein Abenteuerversteck bilden bis zu aufwändigene Konstruktionen mit Sitzplatz und Grill für die Gartenpartys der Erwachsenen. Der Reiz eines Baumhauses liegt darin, dass es etwas ganz anderes ist als alle anderen Bauwerke, die man kennt. Hoch über dem Boden und weit weg vom Wohnhaus, kann man aus der Vogelperspektive ganz neue Eindrücke sammeln. Das leise Rauschen der Blätter sorgt im Baumhaus für eine friedvolle und entspannte Atmosphäre. Ein solches Projekt ist weder schnell noch für wenig Geld zu bauen. Die Investition lohnt sich aber auf jeden Fall! Unsere Anleitung dient nur als allgemeine Richtlinie; die exakten Maße Ihres Baumhauses sind von den Gegebenheiten vor Ort, dem Baum und Ihren Wünschen abhängig.

BAU EINES BAUMHAUSES

Man kann ein Baumhaus auch bauen, wenn man keinen riesigen alten Baum im Garten hat. Eine selbsttragende Konstruktion passt auch um einen jüngeren Baum. Trotzdem hat man das Gefühl, in einem „richtigen" Baumhaus zu sitzen. Einen Baum braucht man aber in jedem Fall. Und Erfahrung beim Arbeiten mit Holz und Heimwerken. Manchmal muss man auch verschiedene Bautechniken kombinieren, wenn ein Teil der Konstruktion am Baum befestigt wird und ein Teil auf Pfählen oder Stelzen auf dem Boden verankert ist. Der genaue Bauplan ist von der Form des Baums und des Untergrunds abhängig. Die Plattform, die wir gebaut haben, ist relativ einfach zu bauen, da sie nicht am Baum befestigt wird. Wenn man sie höher baut, kann sie größeren Kindern als Abenteuerspielplatz dienen, wenn man die Plattform niedriger über dem Boden konstruiert, ist sie auch für kleinere Kinder geeignet. Stattet man die Plattform mit entsprechenden Annehmlichkeiten aus, wird sie zu einer Rückzugsmöglichkeit für Erwachsene. Das Ambiente hängt von der „Möblierung" ab: Hängematte, Schaukeln, Rutsche, Kletternetze, Körbe an Seilzügen, die Spielsachen beherbergen. Mit Segeltuch oder Tarnnetzen kann man ein schützendes Dach bauen oder mit Glitzerketten die Handläufe umwickeln, um eine Elfenburg zu bekommen. Wenn die Plattform ausreichend stabil gebaut wird, kann sie später auch als Basis für weitere Aufbauten, wie ein kleines Spielhaus oder einen nach vorne offenen Sitzplatz, dienen.

Tipps zur Planung

- Lassen Sie die Gesundhehit des Baums und seine Standfestigkeit von einem Baumexperten untersuchen, bevor Sie mit dem Bauen beginnen.
- Fragen Sie bei der zuständigen Baubehörde nach, ob es Auflagen gibt.
- Denken Sie beim Bau immer an die eigene Sicherheit. Wenn man hoch auf Leitern oder im Baum arbeitet, muss man sich mit Seilen und einem Geschirr sichern. Ein Schutzhelm ist Pflicht!. Mit einem Seil- oder Flaschenzug wird das Material nach oben in den Baum transportiert.
- Position und Höhe sind abhängig von Standort, Baum und der geplanten Nutzung.

Berechnung des Holzbedarfs:

Verwenden Sie nur druckimrägniertes Bauholz.

Stützen: 150 x 150 mm

- Zur geplanten Höhe der Plattform muss man 70 cm, die im Fundament versenkt werden und 1,10 m für die Balustrade dazurechnen. Wenn man die Stützen verlängern möchte, damit sie Äste oder ein Dach tragen, kann man noch 1 m oder mehr dazugeben.

Balken: 200 x 50 mm

- Die Balken müssen so lang sein, wie die Plattform tief wird. Sie brauchen so viele Balken, dass der Abstand zwischen ihnen 60 cm beträgt und zwei weitere, so lang wie die Plattform breit werden soll, plus 10 cm. In der Anleitung auf den Seiten 140 bis 141 werden diese als Unterzüge bezeichnet.

Pfosten: 100 x 100 mm

- An den senkrechten Pfosten wird die Balustrade um die Plattform befestigt. Sie brauchen so viele Pfosten von 1,10 m Höhe, dass um die Plattform herum im Abstand von je 1 m ein Pfosten gesetzt werden kann.

Balustraden: 100 x 25 mm

- Die Balustraden kommen zwischen die Pfosten. Sie benötigen so viele Bretter von 1 m Länge, dass diese im Abstand von 10 cm um den ganzen Umfang der Plattform reichen.

Geländer: 100 x 50 mm

- Der doppelte Umfang der Plattform ist die Länge der Latten, die Sie für das Geländer benötigen.

Holzdeck: 100 x 40 mm

- Die Planken müssen auf der Oberseite glatt gehobelt sein. Man braucht so viele, dass die Plattform ganz bedeckt ist, mit 5 cm Überhang.

1 Stellen Sie die Enden der Stützen, die im Boden verankert werden, über Nacht in Holzschutzmittel. An den geplanten vier Eckpunkten der Plattform werden vier mindestens 75 cm tiefe Löcher gegraben. Stampfen Sie etwas Schotter auf den Boden von jedem Loch und stellen Sie in jedes eine Stütze. Fixieren Sie diese mit Latten, sodass sie exakt senkrecht stehen. Die Löcher werden dann mit Fertigbeton aufgefüllt, der über Nacht abbinden und aushärten muss.

2 Für den horizontalen Aufbau befestigt man vier Balken an den Stützen. Messen Sie die geplante Plattformhöhe vom Boden und ziehen Sie die Höhe der Deckplanken ab. Das ergibt die Höhe, in der der Oberkante der Balken an den Stützen liegen muss. Die seitlichen Stützen müssen an der Rückseite 5 cm überstehen, nach vorne weiter, um einen Balkon zu schaffen. Richten Sie sie waagrecht aus und verbinden Sie sie mit Schlossschrauben.

3 Mit den Unterzügen wird die Plattform fertig gebaut. Die ersten beiden werden unter die Balken geschraubt. Im Abstand von 60 cm schraubt man sie hochkant unter den Balken von hinten nach vorne fest. Der Baumstamm wird ausgespart.

4 An einem Ende beginnend nagelt man die Planken an die Balken und lässt etwa 1 cm Luft zwischen den Brettern. So kann Regenwasser abfließen. Ringsum die Plattform lässt man die Planken 5 cm überstehen. Um den Baumstamm muss man genug Luft für sein Dickenwachstum lassen.

5 Schrauben Sie die unteren Latten des Geländers 20 cm über der Plattform und die übrigen 80 cm darüber an die Stützen, sodass das Gerüst für ein 1 m hohes Geländer entsteht.

6 Schrauben Sie die Balustraden im Abstand von 10 cm von innen an den Geländerrahmen. Alle neun Balustraden kommt ein Pfosten. Je nach Gesamtlänge muss man den Abstand zwischen den Balustraden variieren. Am Eingang lässt man zwei oder drei Latten weg, damit ein Einstieg für die Leiter entsteht. Wenn man möchte, kann man noch ein Tor einbauen.

7 Zum Schluss wird die ganze Konstruktion noch einmal mit Holzschutzlasur gestrichen. Obwohl das Holz schon kesseldruckimprägniert ist, sorgt die Lasur für einen zusätzlichen Schutz des Baumhauses vor Fäulnis und Insektenfraß. Außerdem wird die Farbe schöner.

Piraten- und Prinzessinnen-Party

Für eine Kinderparty braucht man keinen besonderen Anlass. Wenn man ein fantasievolles Fest im Garten veranstaltet, werden Ihre Kinder tagelang Spaß haben und mit Freunden spielen. Eine Party selber zu planen ist in den langen Sommerferien eine willkommene Abwechslung. Die Kinder haben oft die tollsten Ideen, wenn man ihrer Fantasie und Kreativität freien Lauf lässt. Unsere Vorschläge für eine Piraten- und Prinzessinnen-Party halten für jeden Geschmack etwas bereit und bieten den Kindern eine Gelegenheit, sich zu verkleiden, den Garten umzudekorieren und sich passende Spiele auszudenken. Und das alles, ohne ein Chaos im Haus anzurichten!

Piraten-Zelt

Diese Piratenversion des Hänge-Zelts aus schwarzem Baumwollstoff und einer Piratenflagge ist viel bedrohlicher und unheimlicher, ideal für gefährliche Piraten-Kapitäne! Sie wird genauso genäht wie das blaue Hänge-Zelt auf Seite 134.

Prinzessinnen-Baldachin

In diesem duftig-zarten Baldachin-Zelt finden eine Prinzessin mit ihrer Zofe Platz. Jede Prinzessin kann ihr eigenes „Gemach" mit Blumen aus Filz dekorieren. Das Zelt besteht aus einem einfachen Chiffon-Stoff, der an einen Hula-Hoop-Reifen geheftet und oben mit einem Band zusammengehalten wird. Man kann die Zelte entweder an einem Mittelstab oder an einem Baum hängend aufstellen. Auch eine einfache Wäscheleine oder Schnur reicht aus.

Schatzsuche

Man kann bei einer Schatzsuche entweder eine Schatzkarte zeichnen oder im Garten viele Hinweise verstecken, die einer nach dem anderen zum Versteck führen. Achten Sie darauf, dass alles authentisch wirkt. Papier kann man mit kaltem Kaffee färben und im Ofen trocknen, damit es alt und vergilbt aussieht. Ein X markiert die Stelle, an der der Schatz liegt. Wenn Sie ihn vergraben können, wird das Ganze noch spannender. Und wenn es nur im Sandkasten ist. Essbare Schätze versteckt man über der Erde.

Verkleiden

Kostüme zu basteln ist ein Spaß auf jeder Party. Einfache Requisiten, Karton und Stoffreste verwandeln die Gäste für die Dauer der Party in andere Wesen oder Personen. Ältere Geschwister oder Eltern können mithelfen.

Zauber-Baum

Ein Zauber-Baum bringt neues Leben in einen abgestorbenen Ast. Er ist Mittelpunkt der Party, man kann um ihn tanzen oder ihn einfach als Deko verwenden. Sprühen Sie einen trockenen Ast mit einer bunten Farbe, wie Rosa, an und „pflanzen“ sie ihn in einen silbernen Metalleimer. Anschließend wird er mit Süßigkeiten und Leckereien behängt.

Fest-Essen

Jede Party braucht ein Fest-Essen. Für Kinder legt man einfach eine bunte Decke auf den flachen Boden, zum Beispiel die Terrasse oder den Rasen. Es gibt keine Stühle, auf denen man schaukeln kann. Die bunten Serviettenringe und Tisch-Sets können die Kindern selbst basteln.

Piraten-Geschenke

Kleine Piraten bekommen ihre Süßigkeiten-Beute in einem Mini-Sack. Schneiden Sie mit einer Zickzack-Schere einen Kreis aus schwarzem Filz aus, legen Sie ein paar Süßigkeiten darauf und verschnüren Sie das Ganze. Ein weißer Filz-Totenkopf rundet die Beute ab.

Prinzessinnen-Geschenke

Für Prinzessinnen gibt es eine süße „Mitgift" aus buntem Filz, mit Bändchen verschnürt.

Piraten-Schiff

Beim Basteln von Piraten-Schiffen werden sogar die wildesten Kinder still. Für kleinere Kinder schneidet man die Formen vorher aus und überlässt ihnen nur die Dekoration und Bemalung. Schneiden Sie aus einem quadratischen Karton den Boden und den Deckel heraus und heften Sie ein Paar „Hosenträger" aus Gummiband an den Karton. Jeder Pirat bekommt zwei Bootshälften aus Tonpapier, die er selber bemalen kann. Wenn das Schiff fertig ist, wird es an den Karton geheftet und die Piraten-Bande kann die Anker lichten.

Pfahl-Tipi

Dieses Pfahl-Tipi ist eine Alternative zum Hänge-Zelt auf Seite 134 und genauso schön. Die ungewöhnliche Konstruktion weckt sofort die kindliche Neugier. Und die Spielmöglichkeiten sind wirklich unbegrenzt. Wenn Sie mehrere Kinder haben, können Sie auch ein ganzes Zeltlager errichten.

Schwierigkeitsgrad 2

Zeitbedarf 4 Stunden

Sie brauchen:

- Rundpfosten, 3 m lang, 15 cm dick, kesseldruckimprägniert
- 2 Säcke Fertigbeton
- Sperholzplatte 122 x 128 cm
- 2 Seile, 4,60 m lang, 1 cm stark
- Stoff, 5 x 2 m (siehe Kasten Seite 151)
- Nähgarn
- 6 m Nylonkordel

1 Bohren Sie übereinander an der Spitze des Pfostens zwei Löcher im Winkel von 90 Grad versetzt.

2 Graben Sie ein 70 cm tiefes Loch, das etwas breiter ist als die Dicke des Pfostens. Stellen Sie den Pfosten in den Boden und füllen Sie den Fertigbeton nach Anleitung auf dem Sack in das Loch. Mit einer Wasserwaage wird der Pfahl exakt senkrecht ausgerichtet. Über Nacht muss der Beton abbinden und aushärten.

3 Mit einem 12-mm-Bohrer wird in jede Ecke der Sperrholzplatte ein Loch gebohrt und in die Mitte mit einer Stichsäge ein weiteres ausgeschnitten, durch das der Pfahl genau durchpasst. Stülpen Sie die Platte über den Pfahl. Er muss genau passen, damit sich die Kinder zwischen Platte und Pfahl nicht die Finger einklemmen können.

4 Fädeln Sie die beiden Seile zur Hälfte durch jedes Loch und fixieren Sie beide mit Knoten.

5 Die Enden der Schnüre werden nun durch die Löcher in den Ecken der Sperrholzplatte gefädelt und an der Unterseite so verknotet, dass die Platte etwa 45 cm über dem Boden hängt.

6 Schneiden Sie vier gleich große Dreiecke aus Stoff aus, jedes 2 m hoch, zwei mit einer 124 cm breiten Unterkante und zwei mit einer 130 cm breiten Unterkante. Nähen Sie sie abwechselnd zusammen, um ein pyramidenförmiges Zelt zu erhalten. An einer Seite wird ein Schlitz bis zur halben Höhe des Dreiecks als Eingang eingeschnitten. Die Kanten werden umsäumt, damit sie nicht ausfransen. Jetzt wird an der Unterkante noch ein 2 cm breiter offener Saum umgenäht, durch den die Nylonkordel gefädelt wird.

7 Stülpen Sie das Zelt über den Pfosten und ziehen Sie die Kordel im unteren Saum fest unter der Holzplatte zusammen, damit die Zeltwände straff sind. Jetzt können Indianer und andere Zeltbewohner kommen!

Die Wahl des Stoffes

Baumwoll-Bettlaken sind ideal für dieses Tipi, aber man kann auch andere Stoffe zusammennähen, wenn man nicht so breite Bahnen bekommt. Bevor man den Stoff zuschneidet, sollten Sie auf das Muster achten. So kann man Streifen besonders gut kombinieren. Stoffe, die ungemustert sind, kann man so zuschneiden, wie auf Seite 134 beim Hänge-Zelt beschrieben.

Dinosaurier-Spuren

Was könnte spannender sein, als Spuren prähistorischer Dinosaurier zu verfolgen? Die „fossilen“ Fußabdrücke sind nicht nur praktisch, wenn man durch den Garten laufen will – sie machen jeden Ausflug zur Expedition. Lassen Sie Ihre Kinder beim Bauen mithelfen und eigene Spuren entwerfen.

Schwierigkeitsgrad 2

Zeitbedarf 1, 5 Stunden

Sie brauchen:
1 Sack Fertigbeton

1 Zuerst müssen die Abdruckformen angefertigt werden. Graben Sie dazu etliche Löcher in den Boden, etwa 30 cm breit und 10 cm tief. Wenn Sie das im Rasen machen, können Sie die Soden anschließend wieder sauber auf das Loch legen. Formen Sie aus der Erde einen Dinosaurierfuß nach. Gut festdrücken, damit er nicht auseinanderfällt. Wenn die Erde zu trocken ist, kann man etwas Wasser ins Loch gießen.

2 Mischen Sie den Fertigbeton nach Anleitung auf dem Sack an und füllen Sie damit die ausgehobenen Abdruckformen in der Erde. Durch sanftes Rütteln werden alle Lücken ausgefüllt. Über Nacht aushärten lassen.

3 Am nächsten Tag hebt man die Trittsteine aus der Erde.

4 Waschen oder bürsten Sie die Erde aus der Spur heraus.

5 Verteilen Sie die Trittsteine im Garten, der Abstand sollte so weit sein, dass die Kinder von einem zum anderen hüpfen oder springen können. Dann gräbt man eine flache Mulde und legt die Steine hinein.

Schnelle Ideen

LINKS Mit lebenden Weidenruten kann man große und kleine Verstecke schaffen. Die Ruten treiben leicht wieder aus, nachdem man sie einfach mit dem unteren Ende in die Erde gesteckt hat. Durch das üppig grüne Laub fügen sich diese Verstecke schnell in jeden Garten ein. Die Pflege ist einfach: Im Herbst schneidet man störende Triebe heraus oder steckt sie ins Dickicht zurück. Für ein Weiden-Tipi steckt man lange Ruten kreisförmig etwa 20 cm tief in den Boden und bindet sie an der Spitze zusammen.

OBEN Diese alte Blechkiste könnte von Piraten vergessen worden sein. Sie dient zur Aufbewahrung von Sandkasten-Spielzeug. Im „Sperrmüll" findet sich so mancher Schatz. Ein zweiter Blick lohnt sich also.

RECHTS Aus schweren Holzbohlen kann man einen Sandkasten bauen. Legen Sie die Bohlen mit sich berührenden Enden aneinander und bedecken Sie den Boden mit Unkraut unterdrückender Folie, bevor Sie den Spielsand einfüllen. Der Liegestuhl ist für die Erwachsenen.

UNTEN und UNTEN RECHTS Boule ist ein Spiel für die ganze Familie. Obwohl es nicht ganz authentisch ist, kann man es auch auf einem breiten Sandstreifen spielen.

Schnelle Ideen

RECHTS Geben Sie Ihren Kindern bunte Malkreide und sie können sich stundenlang mit dem Bemalen der Terrasse beschäftigen. Der Kreativität sind keine Grenzen gesetzt: Schiffe versenken, Himmel-und-Hölle, Graffiti und eigene Gemälde. Achten Sie darauf, keine wasserfesten Wachsmalkreiden zu verwenden.

OBEN, GANZ RECHTS und RECHTS Ältere Kinder können mit Kreide ihre eigenen schlangen- oder leiterförmigen Brettspiele erfinden. Diese Spiele sind vor allem für mehrere interessant oder wenn Kinder auf Festen von Erwachsenen sich selbst beschäftigen sollen.

RECHTS OBEN und UNTEN RECHTS „Mit Wasser malen“ Auch wenn es sich seltsam anhört: Bei warmem Wetter ist das der Hit bei kleinen Kindern. Geben Sie ihnen einen Eimer Wasser und einen großen Malerpinsel und lassen Sie sie die Terrasse „bemalen“. Oder Wege, Zäune oder Mauern mit Mustern und Figuren verschönern.

LINKS Nachdem die Tage auf See zu Ende gegangen sind, haben wir dieses kleine Boot an Land geholt und in ein Spielgerät im Garten verwandelt. Die ideale Kulisse für viele Kinderspiele.

Register

halbfett markierten Seitenzahlen verweisen auf Abbildungen

Danksagung

Mein Dank gilt:

Clive Nichols für seine unnachahmlichen Fotos, seinen unermüdlichen Humor und seine Freundschaft.

Harriet, Nancy, Joshua, Marlie, Clara, Josh, Ella, Yvette, Carragh, William, David, Gertie, Percy und Clive für ihre Geduld, das Posieren und ihre einnehmendes Lächeln.

Allen bei Hamlyn für die Realisierung dieses Buchs, besonders Sarah Ford für das erneute Nachfragen!

Caroline Ball für ihr gewissenhaftes Lektorat.

Meinen Eltern für ihre Unterstützung, ihre Verlässlichkeit und die Deko-Requisiten, die immer zum richtigen Zeitpunkt parat lagen.

Peter Wheeler für sein außergewöhnliches handwerkliches Geschick und seine Ratschläge, die mich in schwiereigen Siuationen gerettet haben. Die viel geliebte Baumhaus-Plattform wäre nicht ohne Dich!

Philip Smith dafür, dass er in letzter Minute in die Bresche gesprungen ist.

David Foster und Dougie Douglas für ihr heldenhaftes Bemühen bei einer schwierigen Aufgabe.

Familie Gordon für die Erlaubnis, einen Teil ihres Gartens zu bepflanzen.

Ropeloft für die schnelle Lieferung fantastischer Seile und Taue (www.ropeloft.co.uk).

Executive Editor Sarah Ford
Editor Emma Pattison
Executive Art Editor Mark Stevens
Designed by Beverly Price, One2Six Creative Limited
Senior Production Controller Manjit Sihra
Alle Projekte wurden von Clare Matthews kreiert und gestylt.

Bildnachweis

Alle Fotos © Clive Nichols außer:
Clive Nichols/Chapman Byrne-Daniel/Tatton Park 2002 97 oben links; /David and Marie Chase's Garden, Hampshire 154 rechts, 155 oben; /Robin Green/Ralph Cade 95 oben links, 125 oben; /Highfield Hollies, Hampshire 127 Mitte rechts; /Sarah Layton 154 links; /Stainton & Morgan/Westonbirt 2002 125 unten; /Swinton Lane 66 Mitte links; /Trevyn Mcdowell 95 unten links.
Octopus Publishing Group Limited/Stephen Conroy 32, 43 oben, 43 unten.